ARCHIVES DE FAMILLE

NOTES

HISTORIQUES & GÉNÉALOGIQUES

SUR LA

FAMILLE CABILLAUX

AUDENARDE - LILLE

recueillies et mises en ordre

PAR AUGUSTE DE MEUNYNCK

ET MARIE BOUTEMY - CABILLAUX

LILLE
IMPRIMERIE LEFEBVRE-DUCROCQ
MDCCCLXXXVII

NOTES

FAMILLE CABILLAUX

Lm³
1968

CABILIAU

PORTE : De gueules à deux cabillauds adossés
d'argent. — CIMIER : Un dauphin mordant
le bourrelet du heaume.

ARCHIVES DE FAMILLE

NOTES

HISTORIQUES & GÉNÉALOGIQUES

SUR LA

FAMILLE CABILLAUX

AUDENARDE-LILLE

recueillies et mises en ordre

PAR Auguste DE MEUNYNCK

ET Marie BOUTEMY-CABILLAUX

LILLE
IMPRIMERIE LEFEBVRE-DUCROCQ
MDCCCLXXXVII

A LA MÉMOIRE

D'Auguste CABILLAUX

NOTRE VÉNÉRÉ PÈRE & ONCLE

Marie BOUTEMY.   Auguste DE MEUNYNCK.

AUGUSTE DE MEUNYNCK
né à Lille le 26 février 1841

PIÈCES & OUVRAGES CONSULTÉS

Archives de la ville d'Audenarde.

Archives de la ville de Lille.

E.-A. HELLIN. — Recueil (manuscrit) généalogique et héraldique des maisons nobles de Flandre, Brabant, Hainaut, Artois, Hollande, Allemagne et autres pays. (Bibliothèque royale de Bruxelles).

HELLIN. — Quartiers généalogiques (id.).

BUTKENS. — Généalogies dressées et faictes avec preuves authentiques et histoires dignes de foy et créance en l'an de notre Rédempteur 1628 (id.).

BETTENS. — Recueil de généalogies, manuscrit. (Bibliothèque héraldique du Ministère des affaires étrangères, à Bruxelles).

Copies autantiques (*sic*) de plusieurs actes, manuscrit (id.).

Divers manuscrits généalogiques (id.).

Registres de documents, actes, récits, pièces de greffe ou de tabellion, copies de pierres tumulaires, épitaphes, etc. (id.).

HEREKENRODE. — Nobiliaire des Pays-Bas et du Comté de Bourgogne.

DE STEIN D'ALTENSTEIN. — Annuaire de la noblesse de la Belgique, 22e année, 1868.

GILLIODTS. — Inventaire des chartes reposant aux archives de la ville de Bruges.

DIEGERICK. — Inventaire analytique et chronologique des chartes et documents appartenant aux archives de la ville d'Ypres.

Biographie générale belge.

Biographie des hommes remarquables de la Flandre occidentale, publiée par la Société d'émulation de Bruges.

Annales de la Société d'émulation pour l'étude de l'histoire et des antiquités de la Flandre, Bruges.

Sanderus. — *Flandria illustrata, sive provinciæ ac comitatus hujus descriptio*, etc.

Toppens. — *Bibliotheca Belgica, sive virorum in Belgio vita, scriptisque illustrium catalogus*, etc.

De l'Espinoy. — Recherche des antiquitez et noblesse de Flandres, contenant l'histoire généalogique des comtes de Flandre, la suitte des gouverneurs de Flandre, un recueil des riches et nobles chastellenies, etc.

Le Blond. — Quartiers généalogiques des illustres et nobles familles d'Espagne, d'Allemagne, d'Italie, de France, de Bourgogne, de Lorraine et des XVII provinces.

Mémoire historique et généalogique sur la famille de Kerckhove, manuscrit.

P. Roger. — Noblesse et chevalerie du comté de Flandre, d'Artois et de Picardie.

De Vlaminck. — Filiation des familles de Flandre.

Derode. — Histoire de Lille.

Leroy, Le Glay et Dinaux. — Archives historiques et littéraires du nord de la France et du midi de la Belgique.

Ch.-L. Richard. — Histoire du couvent des Dominicains de Lille en Flandre et de celui des Dames dominicaines de la même ville, dites de Sainte-Marie de l'Abbiette.

Frossard. — L'Eglise sous la Croix, pendant la domination espagnole, chronique de l'Eglise réformée de Lille.

Houdoy. — Les Tapisseries de haute-lisse, histoire de la fabrication lilloise du XIVe au XVIIIe siècle et documents inédits concernant l'histoire des Tapisseries de Flandre.

De Coussemaker. — Notice sur les collections musicales de la bibliothèque de Cambrai et des autres villes du département du Nord.

De Coussemaker. — Troubles religieux du XVIe siècle dans la Flandre Maritime.

Mémoires de la Société d'émulation de Cambrai.

LISTE ALPHABÉTIQUE

*des principales villes habitées par les membres de la famille CABILIAU
et des seigneuries dont ils ont été titulaires.*

Alost
Andenne
Anseghem
Anvers
Audegoede
Audenarde

Basselvelde
Beaupré
Borre
Borst
Bouchout
Brugelette
Bruges
Bruxelles

Calckene
Cantevelde
Cavrine
Coquerie (La)

Escarmaing

Gand
Grutte (La)

Hamme
Hendecordel

Kerkhem

Leemputte
Luchedoncq

Moenebroeck
Moranges
Motte
Mullem

Omezée
Oostwinckel

Quérieux

Radepas
Raverie (La)
Rouveroy

Savache
Sonnebeke
Staple
Stuyvenberghe

Triponceau

Walle
Wyngaerd

Ypres

LISTE ALPHABÉTIQUE

des alliances de la famille CABILIAU.

Aefferden
Arckel
Argenteau (d')

Backere (de)
Baelde
Baenst (de)
Banck (Van der)
Bauwens
Beken (Van der)
Bernaige
Bisschop
Bogaert
Bollins
Boltuut
Boucheval (de)
Bousies (de)
Brakel (Van)
Bundere (de)
Burch (Van der)
Buskens

Cambry (de)
Canin
Clessene (de)
Cleuwe
Clocman
Cools
Cornhuse (de la)
Crayen (Van der)
Crupennick

Daelen (Van)
Dechamps
Denken
Donct (Van der)

Faille (della)
Fèvre (Le)

Ghistelles (de)
Gillent
Gouy (de)
Grammès (de)
Grenay (Van)
Gruutere (de)
Gryse (de)
Guisebaert

Halewyn (de
Hane (d')
Harchies (de)
Haye (de la)
Heeteren (Van)
Heldere (Van)
Hemsrode (Van)
Heren (Van)
Hoens
Hoobrouck (Van)
Hoost (Van der)
Hornes (de)
Hoves (de)
Huusse (Van)

Kerckhove (Van den)
Kesteman
Kokguier (Van)

Lamoot
Lannoy (de)
Léaucourt (de)
Léonard
Leyns (Van)
Lichtervelde (de)
Linden (Van)
Lummene (de)

Maertens
Marquais (de)
Maubus (de)
Meere (Van der)
Meilendet
Messemen (Van)
Meulen (Van der)
Meunynck (de)
Moor (de)
Montgodefroy
Motte (de la)
Munte (de)

Noiseville du Breuil (de)

Palme (de la)
Plessis (du)
Porret
Poyvre (Le)
Preud'homme d'Hailly
Putte (Van de)

Renesse
Reninx
Rockeghem (de)
Roovere (de)
Ruelin
Rullens
Rym

Saint-Genois (de)
Scheppere
Schietere (de)
Schinckele (de)
Schorisse (Van)
Schotte
Sersanders
Snellart
Somere (de)
Spannuyt
Stalins
Steelant (de)
Sturms

Tenremonde (de)
Tollenaere (de)
Triest

Vaernewyck (de)
Verbeken (Van)
Verren (Van)
Verstaels (Van)
Vinck (de)
Viron
Visch (de)
Vitspaen
Volckeghem (Van)
Vooght (de)
Vos (de)
Vroede (de)

Walckiers
Walle (Van de)
Wavrans (de)
Wel (Van)
Wettinck
Woestyne (de la)
Wree (de)

Zoepfel

BLASONS DES PRINCIPALES FAMILLES NOBLES

ALLIÉES AUX CABILIAU

Marie BOUTEMY-CABILLAUX
née à Lille le 21 août 1852

PORTE : D'or à la fasce de gueules, accompagné en chef de trois trèfles de sable. — CIMIER : Un moine franciscain en contemplation devant un crucifix qu'il tient dans la main droite.

ARCKEL

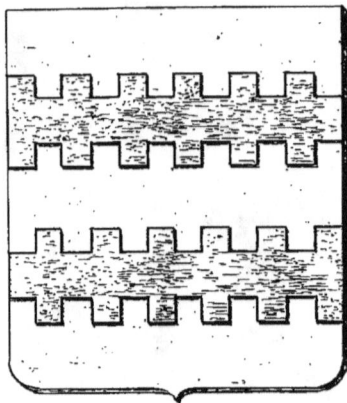

D'argent à deux fasces bretessées et contrebretessées de gueules.

ARGENTEAU (D')

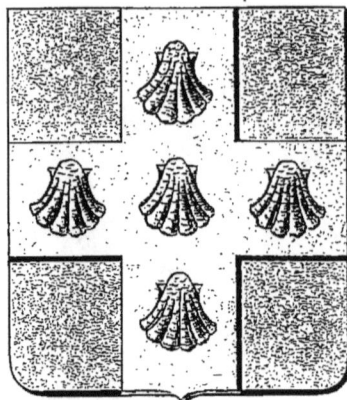

D'azur à la croix d'or chargée de cinq coquilles de gueules.

BAENST

De sable à la fasce d'argent surmontée de trois merlettes de même.

BRAKEL (Van)

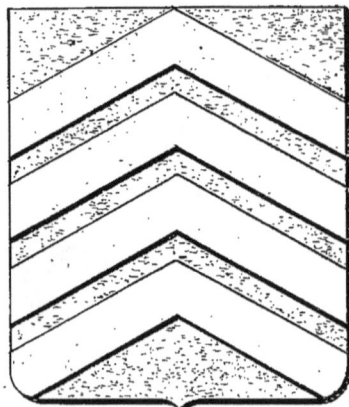

De gueules à quatre chevrons d'argent.

CAMBRY (DE)

D'azur au chevron d'or, chargé de trois aiglettes de sable et accompagné de trois losanges du second.

FÈVRE (LE)

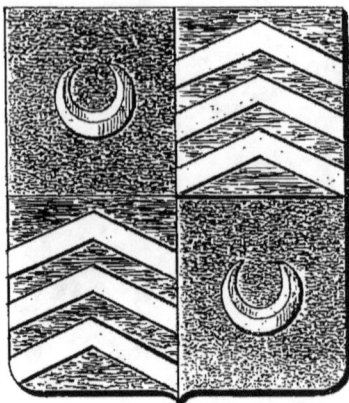

Ecartelé au premier et quatrième d'azur au croissant d'or, au deuxième et troisième de gueules à trois chevrons d'argent.

SAINT-GENOIS (DE)

De gueules au sautoir d'azur bordé d'argent, chargé de cinq quintefeuilles d'or.

GRUUTÈRE (DE)

De sable à trois jumelles d'or.

GHISTELLES (DE)

De gueules au chevron d'her
mine.

HARCHIES (DE)

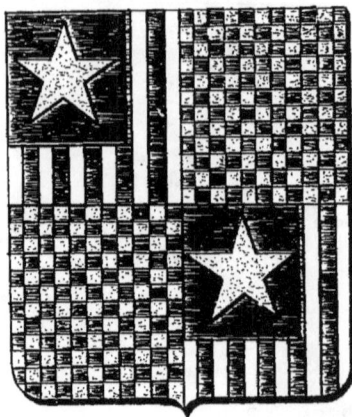

Ecartelé au premier et quatrième à cinq bâtons de gueules,
au canton de même, à une étoile
d'or, au deuxième et troisième
échiqueté d'or et de gueules.

LANNOY (DE)

D'argent à trois lions de
sinople armés et couronnés
d'or, lampassés de gueules, à la
bordure engrelée de gueules.

LEYNS (VAN)

Losangé d'or et de sable au
chef de gueules.

MEERE (Van der)

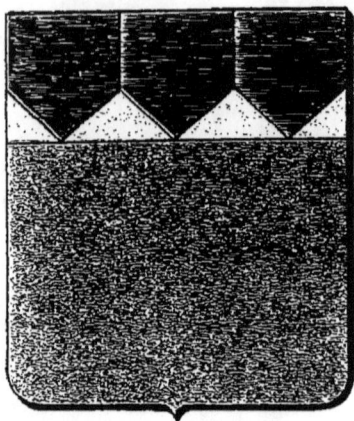

D'azur au chef d'argent chargé
de trois pals de gueules.

MOTTE (De la)

D'argent à trois hamaïdes de
sable.

MARQUAIS (De)

D'or frêté de gueules.

POYVRE (Le)

De gueules au sautoir d'or,
chargé de cinq merlettes d'azur.

RENESSE

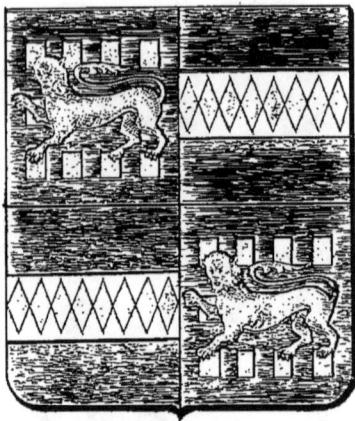

Ecartelé au premier et quatrième de gueules billeté d'or au léopard de même, au deuxième et troisième de gueules à la fasce fuselée d'argent.

RYM

D'or au léopard lionné de gueules, couronné, armé et lampassé d'azur.

SCHIETERE (De)

De sable à deux chevrons d'argent.

STEELANT (De)

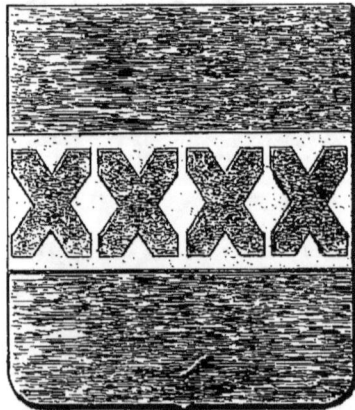

De gueules à la fasce d'argent chargée de quatre sautoirs d'azur.

TENREMONDE (De)

Papelonné d'or et de sable.

TRIEST

De sable au lévrier courant
d'argent surmonté de deux cors
enguichés de même.

VAERNENYCK (De)

De sable à trois lions d'argent.

WOESTYNE (De la)

De sable au chevron d'argent
accompagné de trois coquilles
de même.

ORIGINE

DOCUMENTS HISTORIQUES

Originaire d'Audenarde, la famille CABILLAUX remonte à une très haute antiquité : elle est l'une des plus anciennes et des plus importantes de cette ville.

Ce lieu d'origine semble toutefois contesté par certains écrivains, et voici ce que nous lisons à ce sujet dans des *Copies autantiques (sic) de plusieurs actes*, très intéressant manuscrit appartenant à la Bibliothèque héraldique du Ministère des Affaires étrangères, à Bruxelles :

« Plusieurs auteurs disent l'ancienne noble famille de CABILIAU être venue par deçà le Dauphiné en France et que cette famille a donné le nom d'une petite ville : *Chalon* ou *Cacillion*, et qu'elle porte pour vraies armes *de gueule à deux dauphins adossés d'argent ;* et qu'elle était venue au pays de Flandre ou Hollande par la longueur du temps, et Gaulois du pays a échangé le nom de *Chalon* ou *Cacuillon* en *Cabeliou* ou *Cabeliau* et à la place de dauphins ont pris deux cabilliaux.

« Les chroniqueurs de Hollande et de Frise assurent que l'ancienne noble famille doit prendre l'origine de la Hollande ou de Zélande pour plusieurs raisons solides et qui semblent bonnes: Il est bien apparant ce que les auteurs flamands assurent avec plus juste raison, la disent établie entre la Lys et l'Escaut, pays d'Audenarde, de l'an 1100, ce qui se confirme par les plus vieux registres, reliefs et actes d'Audenarde, Tournay, Lille, Arlebecq, Gand et Bruges, et mémoires des abbayes et autres archives. »

Cette relation est suivie d'une importante série d'actes, récits de batailles, pièces de greffe ou de tabellion, copies de pierres tumulaires, etc., les uns en langue française, les autres en langue flamande, qui forment en quelque sorte les annales de la noble famille des CABILLAUX. Il y est parlé avec grand avantage, tant sous le rapport de la noblesse que sous celui de la valeur, de HUGUES CABELIAU, de JOSSE, LOUF, CLAIS, COLLART, GOSSUIN, ARNOUL, GILLES, etc. On en jugera par les extraits suivants :

Dès le XIe siècle commence une série de documents historiques relatifs à ses membres :

En 1072, HUGUES CABILIAU *alias* Caquillion, Chalon ou Cabillion, prit part avec Robert-le-Frison, comte de Flandre, à une expédition contre les Sarrazins et se battit en chevalier à la bataille de Cassel. Il épousa la fille du seigneur du Quesnoy.

COLARS CABILIAU, sire de Rouvroy et de Chalon, seigneur de Berghem, épouse en 1110 la fille du seigneur de Pamele.

Josse Cabiliau fait la guerre en 1120 contre Baudouin de Mons.

Louf Cabiliau, seigneur de Rouvroy et Berghem-lez-Audenarde, épouse Mathilde, fille de Jean, seigneur de Livry et de Walhayn.

Hugues Cabiliau, seigneur de Berghem, majeur héréditaire de Bevere, épouse N. de Sotinghien.

Louf, dit Louis Cabiliau, fils de Louf, seigneur de Rouvroy, capitaine châtelain du château d'Audenarde, fut tué au siège de Gand en 1179. Il avait fait en 1147 le voyage pour la croisade en Terre-Sainte avec Florent, comte de Hollande. « Vaillant champion, dit la chronique, il fut fait par Louis VII, roi de France, qui était l'un des chefs de la croisade, chevalier banneret pour lui et siens descendants par le comte Philippe d'Alsace. » (Appert les mémoires et registres de l'abbaye Saint-Bavon à Gand, l'an 1179 et 1190.)

Colars Cabiliau épouse une fille au seigneur d'Averoult, dame de Mullem.

Alice Cabiliau, dame de Berghem, épouse N. de Halewyn, bailli de Bruges.

Clais Cabiliau, chevalier banneret, seigneur de Rouvroy, fut avec le comte de Saint-Gille au voyage de Gallice en 1220; il épousa Philippine d'Averoult, dame de Mullem-lez-Audenarde. (Appert les registres d'Audenarde.)

Arnould Cabiliau, chevalier, échevin d'Audenarde, signe comme témoin, le 8 Mars 1232, l'acte de donation d'une terre pour la construction d'un hôpital à Audenarde.

Isabeau Cabiliau épousa Baudoin Holivir, châtelain d'Audenarde, l'an 1305.

Jacmon Cabiliau, chevalier banneret, seigneur de Rouvroy, Mullem, chambellan de Robert de Béthune, fut avec ce comte à la pacification de Bruges l'an 1319; épousa N. de Hoen, *alias* Hoeninghen; gît à Sainte-Walburge à Audenarde, 1330.

Balthazar Cabiliau, et les échevins ses collègues sont confirmés dans leurs fonctions jusqu'à l'année 1615 par lettres des princes Albert et Isabelle, avec ordre de toujours observer les lois et les coutumes de la ville et de la châtellenie d'Audenarde.

Au XIIIe siècle, on trouve ce nom cité dans différentes circonstances, non seulement à Audenarde, mais encore à Gand, où était établie une famille du même nom. Dans cette dernière ville toutefois les mentions de ses membres ne sont pas nombreuses: en 1270, Clais Cabelliau apparaît comme témoin dans une enquête; et Justaes Cabelliau est, au XIVe siècle, garçon des Foulons de la ville. Mais les personnes du même nom qui figurent plus tard parmi les échevins de Gand semblent originaires d'Audenarde et en relations avec des familles de cette ville.

D'autres manuscrits anciens attestent encore qu'en 1284, il existait un Jak Cabellau comme échevin à Audenarde; en 1329 Jacques Cabilliau habitait près du Grand Marché de cette ville, et Colars Cabiliau scelle une charte avec Josse de Hemsrode et Jean de Rokeghem, deux noms que nous retrouvons aussi dans les alliances de la famille qui nous occupe.

En 133o, un Jean Cabiliau, fils de Jean, est bourgeois forain à Bevere. Pendant le XVIᵉ siècle, neuf membres de cette famille figurent dans l'Echevinage, et de 1343 à 1498, quinze personnes de ce nom sont inscrites au *Coemans-Guldebock*. Enfin au XVᵉ siècle, nous en trouvons trois dans la Gilde de Saint-Georges à Audenarde.

Au XIVᵉ siècle les Cabilliau tenaient une position importante à Audenarde ; ils étaient titulaires de plusieurs seigneuries, telles que Mullem, Anseghem, Audegoede, Brugelette, Bouchout, Hamme, Savache, Walle, Triponceau, et s'alliaient aux nobles familles de Harchies, Van Linden, Van der Crayen, Van Leyns, de Ghistelles, de Gruutere, Van Huusse, de Schietere et autres. Ils avaient des armes parlantes ; leur blason, en effet, est ainsi formé :

De gueules, à deux cabillauds adossés d'argent. — Cimier : un dauphin mordant le bourrelet du heaume.

Avant d'avoir fait les recherches nécessaires pour établir cette généalogie, nous avions cru, ce qui était assez vraisemblable, que l'origine du nom *Cabillaux* devait provenir de l'un de ces partis politiques formés en Hollande en 1349 par suite de divisions au sujet de la souveraineté des Pays-Bas entre Marguerite, veuve de Louis de Bavière et son fils Guillaume V, surnommé *l'Insensé*. Les nobles, mécontents de ce dernier, avaient rappelé Marguerite, malgré l'opposition des villes, et espérant une facile victoire, avaient pris le surnom de *Cabillauds*, par allusion aux gros poissons de ce nom qui se nourrissent de fretin. Les bourgeois de leur côté, sous le surnom de *Hoecks,* c'est-à-dire *Hameçons,* prirent les armes et ravagèrent les châteaux des nobles. Cette guerre dura plus d'un siècle : les *Cabillauds* ne furent détruits qu'en 1492 par Maximilien d'Autriche.

Dans un ouvrage intitulé *Glossaire des principaux sobriquets historiques du Nord de la France,* un ancien archiviste de notre département, M. le docteur A. Le Glay, donne de nombreux renseignements sur le parti des *Cabillauds* ; mais il nous est clairement démontré aujourd'hui que l'antiquité du nom de notre famille précède celle de la formation du parti hollandais et qu'il n'y a entre les deux mots qu'un rapport de similitude et pas autre chose. En effet, non seulement en 1284, comme nous le disons ci-dessus, mais même en 1273 on trouve le nom de JEHANS li CABILLAU dans une charte souscrite par le comte de Flandre Guy de Dampierre.

L'un des actes authentiques, dont nous parlons plus haut, attribue même à JACQUES CABELIAU l'origine et le nom de ces deux factions des *Hoecks* et des *Cabillauds.* C'est lui qui, chambellan de la comtesse de Hollande, aurait mené l'armée navale et battu les ennemis, qui furent chassés de la Hollande.

L'Annuaire de la Noblesse de la Belgique pour 1868, publié par M. le baron Isidore de Stein d'Altenstein, qui nous a fourni de nombreux renseignements pour notre travail, contient une filiation parfaitement établie de la famille Cabiliau, d'après les pièces anciennes et authentiques que nous avons également consultées nous-mêmes.

Ces notes généalogiques présentent une succession de sept branches, avec lesquelles nous avons formé les diverses générations que l'on trouvera plus loin.

La première branche a été fondée par JACQUES CABILIAU, à Audenarde, vers 1280: c'est très probablement l'échevin dont nous parlons ci-dessus page 4. Marié à N. Hoens (dont l'écu portait trois coqs), il eut quatre fils, JEAN, COLARD, PIERRE et NICOLAS. De ce dernier la trace se perd fort peu de temps après; son fils, GOSSUIN CABILIAU, chevalier de Jérusalem, eut deux enfants, dont il n'est plus question après l'année 1313.

Le premier mourut sans enfants. Restent COLARD CABILIAU, d'où partent les six premières branches, et PIERRE, fondateur de la septième, qui semble éteinte vers 1460.

La première branche s'arrête à l'année 1605; la seconde ne donne plus de documents après 1567; on perd la trace de la troisième dans la première moitié du XVIIe siècle, mais il reste une quantité d'enfants dont nous ne trouvons plus ni les alliances, ni les décès. La quatrième branche va de 1310 environ jusqu'à 1611. Quant à la cinquième, celle des seigneurs de Triponceau, elle peut être régulièrement suivie jusqu'en 1838. La sixième branche enfin ne dépasse pas la première moitié du XVIe siècle.

Une autre branche de la famille CABILIAU était fixée à Ypres, et du XVe au XVIe siècle, on trouve un assez grand nombre de ses membres qui tinrent des emplois importants dans le Magistrat de cette ville.

I. Jean Cabiliau, fils de Jacques, échevin en 1477.

II. Philippe Cabiliau, huissier du Conseil de Flandre, en 1493.

III. Josse Cabiliau, *le jeune*, échevin en 1497.

IV. Jean Cabiliau, échevin en 1506 et 1508 et conseiller en 1505 et 1507.

V. Charles Cabiliau, échevin en 1509.

VI. Jean Cabiliau, *le vieux*, échevin en 1532 et 1541 ; conseiller en 1542 ; trésorier en 1540.

VII. Jean Cabiliau, fils du précédent, échevin en 1547 et 1558 ; conseiller en 1548, 1549 et 1550.

VIII. Ingelram Cabiliau, conseiller en 1560.

On connaît aussi un poète latin devenu assez célèbre du nom de Baudoin Cabillau, né à Ypres en 1568 : il était Père de la Compagnie de Jésus.

Voici en quelques termes en parle Sanderus dans sa *Flandria illustrata*, tome II, page 285 :

« Parmi les hommes célèbres de la ville d'Ypres, renommés par leur savoir et les œuvres qu'ils ont publiées, il faut citer Baudoin Cabiliau, prêtre de la société de Jésus, d'une instruction merveilleuse jusque dans les détails les plus délicats, homme d'un esprit très prompt, orateur, historien, poète religieux, théologien distingué, d'une modestie digne des plus grands éloges, doué d'une intelligence rare, ainsi que d'autres qualités, et surtout d'une franchise remarquable. »

La bibliothèque de Lille possède quelques œuvres de Baudoin Cabiliau ; elles sont écrites en latin.

Des recherches particulières que nous avons faites dans les archives et les registres paroissiaux d'Audenarde il résulte qu'il existait encore dans cette ville à la fin du XVIe siècle plusieurs familles du nom de CABILIAU dont il ne nous a pas été possible de trouver les ascendants directs, mais qui se rattachent sans aucun doute à ceux précédemment cités. Chacune de ces familles a eu des enfants, et tandis que la trace des uns se perd de 1590 à 1630, nous pouvons en suivre d'autres jusqu'à l'année 1738, époque à laquelle il ne paraît plus exister de CABILIAU à Audenarde.

Et maintenant quelle est la branche qui a servi à fonder nos générations actuelles ? Il nous semble impossible de le savoir d'une façon certaine. En remontant régulièrement de père en fils nous sommes arrêtés à l'année 1660, date du mariage de JEAN CABILLAU avec CATHERINE POLLET, à Douai. Ce JEAN CABILLAU naquit en 1627, mais le lieu de sa naissance n'est pas indiqué : ce sera donc là le point de départ de la famille dont nous sommes les descendants directs.

Quoi qu'il en soit, il n'est pas douteux que nous devions nous rattacher aux CABILIAU d'Audenarde ; et voici quelles sont nos preuves principales à l'appui :

1º Le témoignage de nos parents et de nos grands-parents, par qui nous avons toujours entendu dire que notre famille était originaire d'Audenarde.

2º La possession dans la famille, jusqu'en 1794, d'un

cachet en or et d'une certaine quantité d'argenterie portant le blason gravé aux deux cabillauds adossés. Il est fait mention de ces objets dans l'Inventaire des biens délaissés par Philippe-Charles Cabillaux-Dehier, décédé à Lille le 9 Pluviose an II (29 Janvier 1793) en son domicile rue de l'Arc ; savoir :

12 couverts, 4 cuillers à ragoûts, 1 louche, 1 cuiller à sucre, marqués à deux cabillauds ; pesant ensemble 10 marcs, 6 onces, 4 gros.

1 cachet en or, estimé 34 livres.

3° L'apposition de ce cachet sur toute une correspondance de Philippe-Charles Cabillaux, qui s'en servait journellement. Cette correspondance est conservée dans la famille.

Quant à l'orthographe du nom, il est varié comme celui de tous les noms, surtout dans les siècles plus reculés. Mais qu'il s'écrive Cabiliau, Cabilliau, Cabillau, Cabellau, Cabelau, Cabeliau, Cabliau, Cabelliau, Cabbillau, Cabilleau, ou Cabillaux, il est évident qu'il désigne une même famille, qu'il se rapporte à une seule origine. Pour éviter différentes orthographes, nous avons adopté *Cabiliau* pour la partie ancienne et *Cabillaux* pour la partie moderne, tout en conservant dans les citations, les noms tels que les ont écrits les auteurs.

Voici maintenant quelques documents historiques que nous avons recueillis sur des personnes du nom de Cabiliau, soit d'Audenarde, d'Ypres, d'Alost ou de Gand, dont quelques-unes sont citées dans le cours de ces notes généalogiques, et dont les autres, étant nées dans ces mêmes villes ou y ayant habité, se rattachent indubitablement à l'une des branches que nous avons indiquées :

I

Dans son important volume intitulé : *Recherche des Antiquités et Noblesse de Flandres,* publié à Douai en 1631, Philippe de l'Espinoy parle en plusieurs endroits de la famille Cabiliau et de ses alliances Nous en extrayons notamment les passages suivants :

1° « Jean Cabillau succéda à Wittrebroot, comme bailly du pays de Waës, le 10 janvier 1445 : il était de famille noble de Flandre, portant de gueules avec deux poissons adossés d'argent.»

2° « Le bailliage de la ville de Ninove trouvons avoir été desservi de tout temps par des gentilshommes et nobles de Flandres, et ont été intitulés hauts baillis, comme un Jean Cabillau, lequel fut commis par lettres patentes de Philippe, duc de Bourgogne, données à Bruxelles le dernier jour de novembre 1465, où est narré qu'il prit à ferme les offices de grand bailli et petit bailli de Ninove, Haltert, Herlinchove, etc.; il était aussi châtelain et receveur dudit Ninove. »

3° «Messire Louis de Rocqueghem, chevalier, seigneur de Donse acheta une rente de neuf livres de gros sur la terre et seigneurie de Heyne en l'an 1463, comme témoignent les registres de ladite année. Nous voyons plusieurs nobles alliances faites par ceux de cette noble famille, comme un Messire Jean de Rocqueghem à Dame Laurence Deesines, Dame de Kercken et de le Heyde, et était fils de Messire Jean de Rocqueghem, chevalier, et de Dame Marie Cabillau, fille de Jean. »

4º « Jean, seigneur de le Walle, apporte la terre Van der Walle en mariage à Demoiselle Jeanne Cabillau, fille de Messire Jean, chevalier, seigneur de Monnebrouck, laquelle il eut de Demoiselle Jeanne de Hemsrode, sa femme, et d'eux succéda la dite terre à Messire Jean Van der Walle, chevalier, seigneur de le Walle, de la Douve, Monnebrouck, etc., leur fils, lequel eut à femme Dame Marguerite Cabillau, comme se voit aux registres des avoués d'Audenarde de l'an 1467, qui eurent un fils nommé Jean, seigneur Van der Walle, Monnebrouck et receveur héréditaire de l'Espier de Haerlebeke, qui eut à femme Demoiselle Jeanne Eggaerts, fille de Jean. »

5º « Le cinquième échevin du deuxième banc, dit *Parchons*, de la ville de Gand, en 1302, était Jean Vuytergalleyen. Il conste que ceux de ce nom ont quelquefois fait de nobles alliances, et on trouve au registre des Parchons de Gand de l'an 1398, folio 72 l'état des biens des enfants de Jean Vuytergalleyen, qu'il eut de Demoiselle Jeanne Cabillau, sa femme où Gilles et Jacques Cabbillau assistèrent comme tuteurs maternels desdits enfants, faisant aussi mention de Jacques Vuytergalleyen, leur grand-père. »

Le même ouvrage donne, année par année, la liste des Echevins du Magistrat de la ville de Gand. Nous y trouvons plusieurs fois cités des membres de la famille Cabiliau, savoir :

Echevins du premier banc, dits *de la Keure* : [1]

Année 1543, Pierre Cabbillau, 7e échevin
— 1548, Pierre Cabbillau, 6e —
— 1579, Jacques Cabbillau, escuier, 4e échevin
— 1583, Jacques Cabbillau, 4e échevin

Echevins du deuxième banc, dits *Parchons :*

Année 1551, Pierre Cabbillau, 3e échevin
— 1553, Pierre Cabbillau, 2e —
— 1555, Jacques Cabbillau, 3e —
— 1578, Jean Van Pottelsberghe, 4e échevin
et après lui fut substitué Jacques Cabbillau.

II

1438 et 1443. — Un sieur Arnoud Cabelliau est cité dans des comptes de la ville de Bruges, comme fabricant de plombs pour marquer les draps.

III

Le mercredi 16 mars 1563, Lille vit un auto-da-fé d'anabaptistes. Le zèle persécuteur de l'inquisiteur Titelmann trouva matière à se déployer. Ce dominicain

---

1 Les échevins de *la Keure* étaient chargés de faire exécuter les lois. Les *Parchons* surveillaient les partages de biens pour les particuliers, les communautés, etc.

fit saisir à Halluin onze anabaptistes, qui ne composaient en quelque sorte qu'une famille. C'étaient Jan de Zwarte.... etc. (Suivent les noms).... Jannequin Cabillau, fille de Franchoys d'Yppres, et Callequin Swnef. On en fit trois fournées. Dans les interrogatoires qu'ils subirent le 13 mars devant le lieutenant-criminel de la Gouvernance de Lille, ils montrèrent une grande fermeté. Le 16, ils résistèrent encore: ce jour-là, six furent condamnés. Amenés de nouveau devant Jehan de Montmorency, prévôt de Lille, n'ayant voulu se désister de leurs erreurs, ils furent condamnés, comme hérétiques anabaptistes, à être mis sur un échafaud devant la Maison échevinale, liés et attachés à un poteau, brûlés et consumés par le feu et leurs biens confisqués.

Le 22 et le 23 avril, le dominicain examina encore quatre de ces malheureux, et le 27 on les brûla. Quant à Jannequin Cabillau et à Callequin Swnef, condamnées avec les précédents le 23 avril, elles furent gardées en prison jusqu'au 21 février de l'année suivante, parce que, dit leur sentence, « elles doubtèrent être enchaintes » et que les lois s'opposaient dans ce cas à l'exécution jusqu'à ce qu'on pût séparer l'innocent de la coupable. Pendant ce temps de prison, les exhortations et les discours ne purent rien contre leur persévérance ; on finit par les brûler comme les autres devant l'Hôtel échevinal. (*L'Eglise sous la croix pendant la Domination espagnole, par Ch. L. Frossard, pasteur, page* 59.)

IV

Le 16 octobre 1568, le Conseil des troubles condamne à être bannis pour cause d'hérésie, bris d'images, et pour avoir porté les armes contre Sa Majesté, un certain nombre de sectaires d'Estaire, de Steenwerck, de Bailleul, parmi lesquels est cité HECTOR CABILLAU. *(Archives du royaume: Bruxelles, Papiers des Troubles, Tome XXXVI.*

7 avril 1567 au 31 décembre 1570. — Confiscations dans la seigneurie du Pont d'Estaire: HECTOR CABILLAU. banni *(Chambre des Comptes de Lille, anc. W. 67.)* — (Extrait des *Troubles religieux du XVIe siècle dans la Flandre maritime, par Ed. de Coussemaker, pages 375, 399.*)

V

Parmi les religieux de l'abbaye d'Aldenbourg, près Bruges, il faut citer GEORGES CABELLIAU, de souvenir mémorable, qui écrivit en langue latine les Annales de cette abbaye. Il existe aussi de ce même auteur deux livres de *Mélanges* : le premier donne des éclaircissements sur certains points jusqu'alors douteux de la vie de saint Arnould ; le second fait connaître les beautés de la Basilique de Saint-Pierre. (Traduit de la *Flandria illustrata* de Sanderus, tome II, page 229.)

GEORGES CABELLIAU, d'Audenarde en Flandre, moine d'Aldenbourg, du diocèse de Bruges, Ordre des Bénédictins, a écrit une histoire de la ville et de l'abbaye d'Aldenbourg depuis la fondation de cette ville, sa destruction par Attila et les Normands, pour se terminer à l'année 1570. (Traduit de la *Bibliotheca Belgicæ* de Foppens, tome Ier, page 332.)

VI

En septembre 1679, un sieur JEAN CABILLAU,[1] natif d'Audenarde, élève d'un certain Blommart, fabricant de tapisseries de haute-lisse, sollicite les faveurs du Magistrat de Lille, pour pouvoir s'établir à son compte « attendu qu'il va prendre état de mariage. » Il fait valoir dans sa requête que, s'étant adonné à la fabrication depuis sa jeunesse « il est capable de faire de très rares et belles pièces de tapisserie, même de les garnir de fils d'or et d'argent; qu'il peut dire sans vanité qu'il est aussi capable que nul autre, ainsi qu'il l'a prouvé dans les ateliers de Blommart, dans lesquels il a toujours travaillé depuis que celui-ci est dans cette ville, comme le premier de ses ouvriers. »

Cette requête fut accueillie et le Magistrat accorda à JEAN CABILLAU, différents avantages

---

1 Il nous paraît être le fils de JOSSE CABILLAU-VAN-DER-HOOST, né à Audenarde, le 6 mars 1649, cité plus loin page 52.

annuels, à la condition de faire chaque année
« apparoir par un certificat de la Chambre de
commerce qu'il avait au moins trois métiers battants. »
(*Les Tapisseries de haute-lisse, histoire de la fabrication lilloise du XIVe au XVIIIe siècle, par J.
Houdoy; Lille 1871.)*

VII

La sœur MARIE FRANÇOISE CABILIAU, dont le père
était seigneur de Triponceau, se distingua par sa
ferveur, son zèle, son esprit de pauvreté, d'oraison
et d'humilité. Lorsqu'on faisait la lessive, elle lavait
le linge avec plaisir, comme la moindre des sœurs
converses. Elle aimait aussi à travailler au jardin,
en bêchant la terre et en faisant volontiers tout ce
qu'il y avait à faire. Elle gouverna la communauté
des Religieuses Dominicaines, dites de la Mère de
Dieu, à Lille, en qualité de Prieure, pendant trois
ans, avec beaucoup de douceur, d'édification et de
charité. Elle mourut en 1695, âgée de soixante-neuf
ans, après avoir souffert la gravelle longues années
avec une patience exemplaire. (*Histoire du Monastère des Dames de l'Abbiette, par le R. P. Richard,
page 70. — Liége 1782.)*

VIII

Dans sa *Notice sur les collections musicales de la
Bibliothèque de Cambrai et des autres villes du
département du Nord,* publiée dans les *Mémoires de*

la Société d'émulation de Cambrai, M. E. de Coussemaker cite un compositeur de musique du nom de CABILLIAU.

« C'est la première fois, dit-il, que nous voyons apparaître ce nom parmi les musiciens du XVIe siècle. Malgré nos recherches, nous n'avons découvert aucun renseignement sur cet artiste. Quelques indices toutefois laissent croire qu'il était flamand d'origine. »

La bibliothèque de Cambrai possède plusieurs chansons de CABILLIAU. Nous en reproduisons une ci-après telle qu'elle est donnée par M. de Coussemaker dans la notice dont nous parlons.

« Cette chanson de CABILLIAU, dit encore l'auteur, que nous avons mise en partition, est composée dans le style de l'époque. On y trouve peu de mélodie, mais en retour des recherches harmoniques, des imitations serrées qui dénotent de la facilité dans l'art d'écrire. »

EN ESPÉRANT

Chanson par CABILLIAU

En es - pé - rant de par - ve - nir

En es - pé - rant de par ve - nir

En es - pé -

En es - pe -

à la mienne fan - - - - ta -

à la mien - ne fan - - ta -

rant de par - ve - nir à la mi - en - ne fan -

rant de parve - nir à la mi - en -

si - e me veulx o - ter do - ré - na

si - - e me veulx o - ter do - ré - na -

ta - si - e me veulx

ne fanta - sie me

vant de tou - te fa - -
- - vant de toute fa - che -
ô - ter do ré na - vant de toute
veulx ô - ter do-réna vant de tou -
che - ri - - - e ou j'ay es - té ou j'ay es -
ri - e ou j'ay es - té ou j'ay es - té ou j'ay es -
fache - - - ri e ou j'ay es - té ou j'ay es - té le
te fa-che-ri - e ou j'ay es - té ou j'ay es-té
té le temps de ma jeunes - se qui
té le temps de ma jeunes - se qui m'a
temps de ma jeu - nes - - - se qui
le temps de ma jeu - nes - - - se qui m'a tou -

m'a toujours poursui - vi sans ces - se sans ces -
toujours tou - jours poursui - vi sans ces - se sans ces -
m'a toujours toujours poursui - vi sans ces - - - se sans
jours pour - sui - - vi sans ces - - se sans ces - - se
- - - - se considé - rant se mal si
- - se consi - dé - rant se mal se mal si
ces - se consi - dé rant se mal
sans ces - se considé - - rant se mal si
vé - hé - - ment veulx cuiter sy grant
vé - hé - ment, veulx cuiter sy
sy véhément veulx
vé - hé ment se mal sy vé - - hément veulx

tour - ment le surplus de
grant tour - ment le sur - plus de ma
cuiter un si grant tourment le surplus
cuiter un si grant tourment le sur -
ma vi . . . . e le
vi . . . . e le surplus
de ma vi - e le sur - plus de ma
plus de ma vi . . . . . . e
surplus de ma vi . . . . e
de ma vi . . . . e
vi - e le surplus de ma vi . . . . . e
le surplus de ma vi . . . . e.

AUDENARDE

PREMIÈRE GÉNÉRATION

JACQUES CABILIAU eut quatre fils de sa femme N. HOENS :

1º JEAN CABILIAU, capitaine de cent hommes, marié à CORNILLE DE CRÈVECŒUR, sans enfants.

2º COLARD CABILIAU, seigneur de Mullem, marié à MARGUERITE DE HARCHIES, dit COUROUT, décédé à Audenarde le 31 juillet 1336, enterré aux Frères Mineurs de cette ville. Ils eurent six enfants.

3º PIERRE CABILIAU, marié à N. DE HARCHIES, sœur de MARGUERITE, eut un fils.

4º NICOLAS CABILIAU, qui laissa aussi un fils.

DEUXIÈME GÉNÉRATION

A. Les six enfants de COLARD CABILIAU-DE HARCHIES :

1º GILLES CABILIAU, seigneur de Mullem et de la Grutte d'Audenarde, du chef de sa femme, héritière de sa sœur JEANNE VAN LINDEN, veuve de GILBERT DE VOS. Il épousa AVEZOETE VAN LINDEN, dont il eut six enfants.

2º JACQUES CABILIAU, marié à ISABEAU VAN DE PUTTE, mort sans enfants en 1336.

3º MARGUERITE CABILIAU, mariée à JOSSE VAN DER DONCT,

4º CATHERINE CABILIAU, mariée à GILLES RENINX.

5º ALIX CABILIAU.

6° Arnould Cabiliau marié en premières noces à Catherine de la Motte, décédée en 1386 et en secondes noces à Léonore ou Catherine Van der Crayen. Il eut un fils de sa première femme et deux enfants de la seconde.

B. Le fils de PIERRE CABILIAU DE HARCHIES :

Jacques Cabiliau, seigneur d'Anseghem et de Moenebroeck ; marié en premières noces à Jeanne Van Hemsrode ; et en secondes noces à Marie Van Leyns. Sa première femme lui donna trois enfants, la seconde quatre.

C. Le fils de NICOLAS CABILIAU :

Gossuin Cabiliau, chevalier de Jérusalem, marié à Isabeau Wettinck ; décédé en avril 1309 ou 1319. Il eut deux enfants. On voyait son épitaphe dans le chœur de l'église Sainte-Walburge à Audenarde.

TROISIÈME GÉNÉRATION

A. a.— Les six enfants de GILLES CABILIAU-VAN LINDEN :

1° Anne Cabiliau, décédée le 21 février 1422.

2° Marguerite Cabiliau.

3° Gilles Cabiliau, seigneur de Mullem, de la Grutte et d'Andegoede, marié à Guillemette de Munte; décédés tous deux à Audenarde et enterrés à Sainte-Walburge. Ils eurent cinq enfants.

4° Jacques Cabiliau, décédé le 4 avril 1437.

5° Jeanne Cabiliau.

6° Isabelle Cabiliau.

b. Les trois enfants d'ARNOULD CABILIAU-DE LA MOTTE, puis VAN DER CRAYEN :

1º Arnould Cabiliau. marié en premières noces à Marguerite Van den Kerckhove, dit Van der Varent ; et en secondes noces à Marguerite de Vaernewyck, fille de Jean, seigneur de Borst. Il eut un fils de sa première femme et quatre enfants de la seconde.

2º Jacques Cabiliau, marié à Marie Van der Meulen, décédé à Courtrai le 6 mars 1447. Sa femme était morte le 10 juin 14c8. Ils furent enterrés à Sainte-Walburge sous une pierre tumulaire recouverte d'une lame de cuivre richement travaillée. On y voyait Jacques Cabiliau armé de toutes pièces et revêtu d'une cotte armoriée à ses armes, et sa femme en robe longue et en manteau. A leurs pieds se trouvaient les petites effigies de quatre de leurs enfants, qui les avaient précélés dans la tombe. Cinq autres enfants leur survécurent.

3º Catherine Cabiliau, mariée à Wulfart de Steelant.

B. Les sept enfants de JACQUES CABILIAU-VAN HEMSRODE, puis VAN LEYNS :

1º Jean Cabiliau, seigneur d'Anseghem, marié à Jeanne de Grammès. Sans enfants.

2º Engelbert Cabiliau (vivant en 1393.)

3º Arnould Cabiliau, marié à Marguerite Van Volckeghem, décédé en Allemagne. Sans enfants.

4º Gossuin Cabiliau.

5º Guillaume Cabiliau, marié en 1413 à Julienne de Léaucourt, dont il eut deux filles.

6º Alix Cabiliau.

7º Catherine Cabiliau, religieuse à Maegdendael.

C. Les deux enfants de GOSSUIN CABILIAU-WETTINCK :

1º Isabeau Cabiliau, mariée à Olivier, châtelain d'Audenarde.

2º Jean Cabiliau, (vivant en 1373) marié à Marguerite Bernaige, fille de Jean, seigneur de Mouwe.

QUATRIÈME GÉNÉRATION

A. a. — Les cinq enfants de GILLES CABILIAU-DE MUNTE :

1º Colard Cabiliau, seigneur de Mullem et de la Grutte, marié à Isabelle de Vooght, qui, devenue veuve, se remaria avec François de la Kéthulle. Colard Cabiliau mourut le 17 septembre 1474 : il avait fait en 1448 le pélerinage de Jérusalem. Il eut quatre enfants.

2º Catherine Cabiliau, mariée à Gilles Van Bracle, dit Van den Bossche, seigneur de Courtaubois, décédé le 1er avril 1463. Elle mourut le 18 janvier 1487. Tous deux furent enterrés à Sainte-Walburge, où l'on voyait leur sépulture.

3º Avezoete Cabiliau, mariée à Jean Clocman.

4º Agnès Cabiliau, religieuse à Nonnenbossche.

5º Gilles Cabiliau, seigneur de Mullem, Walle et Motte, marié en premières noces à Marguerite de Lummene, dit Van Marcke ; et en secondes noces à Marguerite de Vroede. Il eut cinq enfants, dont trois filles, du premier lit, et deux fils du second.

b. I. — Les cinq enfants d'ARNOULD CABILIAU-VAN DEN KERCKHOVE, puis DE VAERNEWYCK :

1º Jean Cabiliau, marié en premières noces à N. Van der Beken ; et en secondes noces à Catherine Rym.

2º Georges Cabiliau.

3º Alexandre Cabiliau.

4º Marguerite Cabiliau.

5º Jean Cabiliau, marié à Isabelle Sturms. Ils eurent huit enfants.

b. II. — Les cinq enfants de JACQUES CABILIAU-VAN DER MEULEN :

1º Arnould Cabiliau, seigneur de la Raverie, marié à Marguerite de Rockeghem, décédé le 22 juin 1476. Sa femme mourut en 1483. Ils furent enterrés à Sainte-Walburge auprès de leurs parents : leur pierre tombale était également recouverte d'une lame de cuivre, sur laquelle ils étaient représentés, le mari portant une cotte blasonnée au-dessus de son armure, et la femme en robe de cérémonie.

2º Catherine Cabiliau, mariée à Arnould Crupennick.

3º Jeanne Cabiliau, mariée à Gilles Van der Meere, premier échevin d'Audenarde en 1458. Elle mourut le 27 janvier 1472, et son mari le 4 juillet 1496.

4º N. Cabiliau, mariée à Jean de Rockeghem, seigneur de Kerckhem.

5º Jean Cabiliau, marié à Jeanne Van Grenay, dont il eut deux filles.

B. — Les deux filles de GUILLAUME CABILIAU-DE LÉAUCOURT :

1º Jeanne Cabiliau, mariée à Jean de Clessene, décédée le 31 janvier 1454. Son mari était mort le 4 janvier 1445. Ils furent enterrés à Sainte-Walburge à Audenarde, où l'on voyait leur pierre tumulaire.

2º Marguerite Cabiliau, mariée à Jean Van der Meere, qui fut trésorier d'Audenarde en 1422. Il était fils d'André Van der Meere, bourgmestre d'Audenarde en 1405.

CINQUIÈME GÉNÉRATION

A. a. I. — Les quatre enfants de COLARD CABI-LIAU-DE VOOGHT :

1º ADRIENNE CABILIAU, mariée à ADRIEN DE BAENST, seigneur de Cantevelde.

2º JACQUES CABILIAU, seigneur de la Grutte, de Mullem et Audegoede, marié à MARGUERITE VAN DAELEM, dit DE HILDENBERG. Ils eurent deux enfants.

3º COLARD CABILIAU.

4º PHILIPPE CABILIAU, seigneur de Borst et Bouchout, marié à CATHERINE BOLLINS, fille de JEAN, seigneur de Volandre. Il mourut le 24 janvier 1529, et sa femme le 25 avril 1540. Ils eurent deux enfants.

II. — Les cinq enfants de GILLES CABILIAU-DE LUMMENE :

1º MARGUERITE CABILIAU, religieuse à Sion, décédée le 18 octobre 1515.

2º JOSINE CABILIAU, mariée à N. VAN SCHORISSE.

3º ISABELLE CABILIAU, mariée à GEORGES VAN DER MEERE, bourgmestre d'Audenarde en 1510; décédée le 26 septembre 1538. Son mari l'avait précédée de deux ans dans la tombe, 6 octobre 1536. Ils furent enterrés à Sainte-Walburge.

4º JOSSE CABILIAU, seigneur de Mullem, marié à MARGUERITE VAN DER MEERE ; décédé le 20 septembre 1515. Il fut enterré à Sainte-Walburge à Audenarde, ainsi que sa femme, décédée le 1er juin 1513. Ils eurent six enfants.

5º GILLES CABILIAU, marié à CLAIRE DE BUNDERE, dont il eut cinq enfants.

b. I — Les huit enfants de JEAN CABILIAU-STURMS :

1° Jean Cabiliau, marié à Pasquine de Hornes, dont il eut un fils.

2° Georges Cabiliau, chanoine à Alost.

3° Philippe Cabiliau.

4° Robert Cabiliau.

5° Nicolas Cabiliau.

6° Cécile Cabiliau.

7° Catherine Cabiliau.

8° Guillaume Cabiliau, marié à Catherine Guisebaert ou Gysebaert. Ils eurent cinq enfants.

II. — Les deux filles de JEAN CABILIAU-VAN GRENAY :

1° Adrienne Cabiliau, mariée en premières noces à Louis de Halewyn, seigneur de Borre et Staple, et en secondes noces à Jean Van Messemen, chevalier, seigneur de Calckene.

2° Marguerite Cabiliau, mariée à Jean Van de Walle.

SIXIÈME GÉNÉRATION

A. a. I. — Les deux enfants de JACQUES CABILIAU-VAN DAELEM :

1° Jacques Cabiliau, marié en 1541 à Marguerite Ruelin, veuve de Pierre de Cuinghien, seigneur de Pecques, fille de Guillaume Ruelin, seigneur d'Eth et de Rombise. Ils eurent cinq enfants.

2° Isabelle Cabiliau, mariée à Jacques Maertens, seigneur de Bassevelde, président du Conseil de Flandre. Elle mourut le 26 avril 1571, et son mari le 16 mars 1573 : tous deux furent enterrés à Saint-Michel à Gand.

II. — Les deux enfants de PHILIPPE CABILIAU-BOLLINS :

1° Isabeau Cabiliau, abbesse de Nonnenbossche, décédée le 7 juillet 1567.

2° Pierre Cabiliau, seigneur de Borst et Bouchout, échevin des parchons et de la Keure de Gand ; marié à Marie de Ghistelles, dont il eut deux filles.

A. a. II. — I. — Les six enfants de JOSSE CABILIAU-VAN DER MEERE :

1° Isabeau Cabiliau, mariée à Rasse de Hoves.

2° Guillaume Cabiliau.

3° Catherine Cabiliau, religieuse à l'hôpital d'Audenarde, décédée le 22 juin 1582.

4° Josse Cabiliau, seigneur de Mullem, décédé le 8 janvier 1549. Il épousa en premières noces Marguerite Van Leyns, fille de Livin, seigneur d'Audegoede, décédée le 19 janvier 1527 ; et en secondes noces Agnès Van der Banck, fille d'Antoine, seigneur de Schoondorp, décédée le 27 septembre 1582. Ils furent enterrés à Sainte-Walburge à Audenarde, où l'on voyait leur pierre tumulaire ornée de leurs quatre quartiers respectifs ;

> *Cabiliau, Vroede, Meere, Lummene ;*
> *Leyns, Donaes, Masseme, Putte ;*
> *Van der Banck, Utenhove, Spyckers, Spière.*

Josse Cabiliau eut deux fils de son premier mariage et cinq enfants du second.

5° Marguerite Cabiliau.

6° BARBE CABILIAU, religieuse à Maegdendael, décédée le 17 mars 1564.

II. — Les cinq enfants de GILLES CABILIAU-DE BUNDERE.

1° GILLES CABILIAU.

2° LIVINE CABILIAU, mariée en premières noces à JEAN DE LA PALME ; et en secondes noces à JEAN DE BOUCHEVAL.

3° ISABEAU CABILIAU, chartreuse à Bruges.

4° MARGUERITE CABILIAU, religieuse à l'hôpital d'Audenarde.

5° JEAN CABILIAU, marié à FRANÇOISE DE MARQUAIS, dont il eut une fille.

b. I. — I. — Le fils unique de JEAN CABILIAU-DE HORNES :

JOSSE CABILIAU, marié en premières noces à CATHERINE BAUWENS; et en secondes noces à CATHERINE DE BACKÈRE. Il eut deux fils du premier lit et un du second.

II. — Les cinq enfants de GUILLAUME CABILIAU-GUISEBAERT :

1° MELCHIOR CABILIAU, décédé le 18 décembre 1559.

2° JEAN CABILIAU.

3° MARGUERITE CABILIAU.

4° ISABELLE CABILIAU.

5° GUILLAUME CABILIAU, seigneur de Sonnebecke (1500, 1519), marié à ANNE PORRET. Il eut trois enfants.

SEPTIÈME GÉNÉRATION

A. a. I. — Les cinq enfants de JACQUES CABILIAU-RUELIN :

1º JACQUES CABILIAU, marié en 1569 à GERTRUDE DE GRUU-TERE; décédé en 1610. Sa femme mourut le 28 octobre 1611. Ils eurent deux enfants.

2º GÉRARD CABILIAU; il commandait une *cornette* de chevau-légers à Menin pour le roy d'Espagne; y fut occis par les Huguenots rebelles l'an 1582.

3º JEAN CABILIAU,

4º ETIENNE CABILIAU.

5º MARGUERITE CABILIAU.

a. II. — Les deux filles de PIERRE CABILIAU-DE GHISTELLES.

1º JOSINE CABILIAU, mariée en premières noces à ANTOINE SNELLART, seigneur de la Coquerie; et en secondes noces à MICHEL DE CAMBRY, seigneur de Moranges et Quérieux, fils de GUILLAUME DE CAMBRY, grand prévôt de Tournai.

2º ISABEAU CABILIAU, mariée le 27 septembre 1567, à FRÉDÉRIC VAN DER BURCH, bailli d'Audenarde.

A. a. II. — I. — Les sept enfants de JOSSE CABILIAU-VAN LEYNS, puis VAN DER BANCK:

1º HILAIRE CABILIAU.

2º FRANÇOIS CABILIAU, seigneur de Mullem et Audegoede, marié le 19 octobre 1550, à AGNÈS DE SAINT-GENOIS. Ils eurent douze enfants.

3º JACQUES CABILIAU, décédé en 1573.

4º JOSSE CABILIAU, décédé en 1564.

5º MARGUERITE CABILIAU, mariée le 17 novembre 1556, à JACQUES DE LA HAYE, seigneur de Wyngaerd; décédée le 8 juin 1608, enterrée à Sainte-Walburge.

6º JOSINE CABILIAU, mariée le 29 mai 1559 à GEORGES DE

MAUBUS ; décédée le 15 mars 1564. Son mari lui survécut jusqu'en 1602.

7° AGNÈS CABILIAU, religieuse, puis prieure à Sion.

II. — La fille unique de JEAN CABILLIAU-DE MARQUAIS :

MARGUERITE CABILIAU, mariée à OUDART MONTGODEFROY, seigneur de Luchedoncq.

b. I. — I. — Les trois enfants de JOSSE CABILIAU-BAUWENS, puis DE BACKERE :

1° JEAN CABILIAU.

2° JOSSE CABILIAU.

3° CORNEILLE CABILIAU, seigneur de Hamme, marié à AMELBERGE DECHAMPS. Il fut longtemps bourgmestre de la ville d'Alost, où il mourut le 30 août 1606. Il fut enterré, ainsi que sa femme, à l'église Saint-Martin. Ils eurent trois enfants.

L'historien Sanderus, dans son ouvrage bien connu sous le titre de *Flandria illustrata,* consacre les lignes suivantes à CORNEILLE CABILIAU (Tome III, page 145).

« L'un des principaux bienfaiteurs de l'église collégiale de Saint-Martin d'Alost fut CORNEILLE CABELIAU, fils de JOSSE. Les annales de cette ville en font mention en ces termes :

« Cet homme illustre fut nommé jusqu'à quinze fois Magistrat de la ville. Sa grande science et sa longue expérience contribuèrent à relever en partie les affaires de la cité, que le temps avait fortement amoindries. Il gouverna par ses conseils et sa prudence et administra de telle façon que la ville ne saurait trop honorer sa mémoire. »

Il est enterré dans le chœur de l'église, sous les marches du Maître-Autel, où on lit cette épitaphe :

A Dieu Tout-Puissant.

Sépulture de noble et généreux Seigneur Messire CORNEILLE CABELIAU, seigneur de Hamme, qui remplit dignement pendant de longues années l'emploi de Magistrat de la ville d'Alost, et mourut à l'âge de 70 ans, le 30 août 1606.

Passant, priez pour lui.

A côté de cette sépulture, et près du tabernacle, on remarque dans un ovale l'inscription suivante :

« C'est ici que repose en poussière le généreux seigneur CORNEILLE CABELIAU, seigneur de Hamme, qui légua une somme de 3200 florins pour des messes, aumônes et autres pieux usages à distribuer également chaque semaine. Il mourut le 30 août 1606. »

II.—Les trois enfants de GUILLAUME CABILIAU-PORRET :

1° GEORGES CABILIAU.

2° GUILLAUME CABILIAU, seigneur de Sonnebeke, marié à JOSINE DE MOOR, dont il eut deux fils.

3° N. CABILIAU, mariée à ADRIEN DE MOOR.

HUITIÈME GÉNÉRATION

A. a. I.—Les deux enfants de JACQUES CABILIAU DE GRUUTERE :

1° ANTOINE CABILIAU.

2° ISABEAU CABILIAU, mariée en 1605 à PHILIPPE VIRON, seigneur de Radepas, lieutenant de Lille.

II. — Les douze enfants de FRANÇOIS CABILIAU-DE SAINT-GENOIS :

1° JOSSE CABILIAU, seigneur d'Audegoede, marié à GUILLELMINE TRIEST; décédé en 1615. Sa femme mourut le 3 mai 1617 : ils eurent trois enfants.

2º Charles Cabiliau, marié à Anne Sersanders, 1 dont deux enfants.

3º Jacques Cabiliau.

4º Philippe Cabiliau. Il était capitaine au siège de Nieuport, en 1601, et fut tué devant cette place en défendant l'archiduc Albert, qui venait d'être désarçonné et sur lequel s'acharnait une troupe d'ennemis 2.

5º Maximilien Cabiliau, marié à Anne Cools, dit de Glymes, qui mourut en 1593. Deux fils naquirent de cette union.

6º Catherine Cabiliau, mariée à Marc de Gouy.

7º Marie Cabiliau.

8º François Cabiliau, décédé le 29 juin 1636.

9º Jean Cabiliau, marié à Marie de Roovere, qui le rendit père de quatre enfants.

10º Agnès Cabiliau.

11º Philippine Cabiliau, dame de Mullem, mariée à Melchior Le Poyvre, seigneur de Leemputte et Bouchout ; décédée le 20 mai 1604. Son mari mourut le 4 septembre 1626, après avoir épousé en secondes noces Anne de Warigny.

12º Jeanne Cabiliau, mariée en premières noces à David d'Argenteau, seigneur d'Omezée ; et en secondes noces à Jean de Bousies, seigneur de Rouveroy et d'Escarmaing ; décédée le 4 mars 1607. Sans enfants.

B. I. — I. — Les trois enfants de CORNEILLE CABILIAU-DECHAMPS :

1º Josse Cabiliau, mort sans alliance.
2º Josine Cabiliau.

---

1. Anne Sersanders avait été religieuse au couvent de Saint-George à Gand. Elle sortit du monastère pendant les révolutions et épousa Charles Cabiliau.

2. *Chronique* de Van Meteren, page 154.

3º CATHERINE CABILIAU, dame de Hamme, mariée en 1598 à PIERRE DE VOS, chevalier, seigneur de Beaupré et Hendecordel, décédé le 1ᵉʳ juin 1611.

II. — Les deux fils de GUILLAUME CABILIAU-DE MOOR :

1º MELCHIOR CABILIAU, seigneur de Savache, Triponceau, Brugelette et Cavrine, capitaine et grand bailli de la ville de Warneton, marié le 11 mai 1582 à JEANNE DE LANNOY, fille de MARTIN, seigneur de Lesdaing et Hautpont et de JACQUELINE COTTREL, dame de Triponceau. Ils eurent un fils unique.

2º BALTHAZAR CABILIAU, mort sans alliance.

NEUVIÈME GÉNÉRATION

A. a. II. — I. — Les trois enfants de JOSSE CABILIAU-TRIEST :

1º JOSSE CABILIAU.

2º AGNÈS CABILIAU.

3º JEANNE CABILIAU.

II. — Les deux enfants de CHARLES CABILIAU-SERSANDERS :

1º CHARLES CABILIAU.

2º ANNE CABILIAU.

III. — Les deux fils de MAXIMILIEN CABILIAU-COOLS :

1º FRANÇOIS CABILIAU, décédé sans alliance en 1613.

2º GILLES CABILIAU, marié à JEANNE VAN DER MEERE ; décédé le 9 novembre 1631. Il eut quatre enfants.

IV. — Les quatre enfants de JEAN CABILIAU-DE ROOVERE :

1° Guillaume Cabiliau, chevalier de l'Ordre de Saint-Michel, gouverneur de Liefkenshoeck, marié en premières noces à Isabeau Meilendet ; et en secondes noces à Anne Schotte. Il eut six enfants, dont quatre du premier lit et deux du second.

2° Jacques Cabiliau, marié à Marguerite de Gryse. Pas d'enfants.

3° Roland Cabiliau.

4° François Cabiliau.

b. I. — II. — Le fils unique de MELCHIOR CABILIAU-DE LANNOY :

Mathias Cabiliau, seigneur de Triponceau, Brugelette et Savache, marié en 1619 à Valentine de la Cornhuse, chanoinesse d'Andenne ; décédé le 10 août 1670. Huit enfants sont nés de cette union.

———

DIXIÈME GÉNÉRATION

A. a. II. — III — Les quatre enfants de GILLES CABILIAU-VAN .DER MEERE :

1° Jean Cabiliau.

2° François Cabiliau.

3° Jeanne Cabiliau.

4° Guillaume Cabiliau.

IV. — Les six enfants de GUILLAUME CABILIAU-MEILENDET, puis SCHOTTE :

1º JEAN CABILIAU.

2º GUILLAUME CABILIAU.

3º LIVINE CABILIAU.

4º MARIE CABILIAU.

5º APOLLONIE CABILIAU.

6º MARIE-ISABELLE CABILIAU.

b. I. — II — Les huit enfants de MATHIAS CABILIAU-DE LA CORNHUSE:

1º MARIE-ANNE CABILIAU, née à Bruxelles le 25 janvier 1620; décédée en bas âge.

2º JEAN-BAPTISTE CABILIAU, seigneur de Triponceau et de Cavrine, major de cavalerie, capitaine et gouverneur de la ville de Lierre; marié à FRANÇOISE DE LA WOESTYNE, dont il eut deux enfants.

3º FRANÇOISE-BERNARDINE CABILIAU, carmélite à Anvers.

4º PIERRE-FRANÇOIS CABILIAU, Seigneur de Brugelette, capitaine de cavalerie, né en 1622, mort à la bataille de Fleurus en 1692; marié à GHISLAINE DU PLESSIS, originaire de la Picardie. Ils eurent deux fils.

5º VALENTINE CABILIAU, religieuse à Audenarde.

6º PHILIPPE CABILIAU, capitaine de cavalerie; sans alliance.

7º DOMINIQUE JOSEPH CABILIAU, né à Tournai le 21 novembre 1632, major des dragons au service du roi catholique, puis colonel au service des États-Généraux; tué près de Maëstricht le 19 février 1672, enterré aux Dominicains de cette ville; marié à Gueldre, où il tenait garnison, à ANNE-MARIE VAN HEETEREN, fille de Théodore, avoué héréditaire du duché de Gueldre. Ils eurent deux fils.

8º JOSINE CABILIAU, dame de l'hôpital Comtesse à Lille.

ONZIÈME GÉNÉRATION

A. b. I. — Les deux enfants de JEAN-BAPTISTE CABILIAU-DE LA WOESTYNE :

1º ARNOULD-MATHIEU CABILIAU, seigneur de Triponceau et de Brugelette, capitaine au service du roi catholique, puis au service des États-Généraux ; céda la terre de Triponceau à son cousin germain JOSEPH-ALBERT, ci-dessous mentionné. Marié à Anvers à ANNE-MARIE DELLA FAILLE ; décédé à Anvers. Sa femme y mourut aussi, le 3 février 1716. Ils eurent deux filles.

2º ERNESTINE CABILIAU, mariée à N. DE TOLLENAERE. Sans enfants.

II. — Les deux fils de PIERRE-FRANÇOIS CABILIAU-DU PLESSIS :

1º JEAN-FRANÇOIS CABILIAU, mort à Liège d'une chute de cheval, au mois de mai 1702.

2º PIERRE-FRANÇOIS CABILIAU, religieux à l'abbaye de Saint-Pierre à Gand, décédé en 1691.

III. — Les deux fils de DOMINIQUE-JOSEPH CABILIAU-VAN HEETEREN :

1º JOSEPH-ALBERT CABILIAU, né à Gueldre le 1er octobre 1670 ; seigneur de Triponceau par suite de la cession à lui faite par son cousin ARNOULD MATHIEU, qui n'avait que deux filles. Capitaine d'une compagnie de la Haute-Allemagne, il fut échevin des parchons de Gand de 1702 à 1704, en 1706 et 1707, puis échevin de la Keure en 1709, 1711, 1717, 1721 et 1725. Il mourut à Gand le 3 janvier 1739, et s'y était marié le 1er mai 1696 avec MARIE-BARBE DE LICHTERVELDE, décédée le 14 avril 1734. Tous deux furent enterrés aux Dominicains de Gand. Ils eurent onze enfants.

2° GUILLAUME CABILIAU, lieutenant-colonel d'un régiment de cuirassiers au service de l'électeur de Bavière. Il se maria en Allemagne, et laissa un fils unique.

DOUZIÈME GÉNÉRATION

A. b. I. — Les deux filles d'ARNOULD-MATHIEU CABILIAU-DELLA FAILLE :

1° HENRIETTE CABILIAU, béguine à Anvers.

2° JEANNE CABILIAU, décédée sans alliance.

III. — Les onze enfants de JOSEPH-ALBERT CABILIAU-DE LICHTERVELDE :

1° FRANÇOIS-JOSEPH CABILIAU, né à Gand le 5 juillet 1698 ; y décédé le 3 novembre 1735, enterré aux Dominicains.

2° DOMINIQUE-HYACINTHE CABILIAU, né à Gand le 3 novembre 1699, religieux à l'abbaye de Saint-Pierre sous le nom de Dom Amand ; décédé le 8 février 1761.

3° ARNOULD-PHILIPPE CABILIAU, né à Gand le 30 mars 1701 ; religieux, puis prévôt à l'abbaye d'Eenaeme ; décédé le 2 août 1748.

4° FERDINAND-CHARLES CABILIAU, né à Gand le 23 novembre 1702 ; seigneur de Triponceau, capitaine au régiment de ligne au service impérial, puis échevin du Franc de Bruges et commis des impositions de cette ville. Marié à Gand le 20 février 1729 à ANNE-MARIE WALCKIERS, dame d'Oostwinckel, fille de CORNEILLE, conseiller, receveur général de la province de Flandre et de MARIE VAN LANGENHOVE. Décédé à Bruges le 19 janvier 1746 ; enterré aux Récollets, où l'on voyait son monument portant ses seize quartiers qui sont :

Cabiliau, Lannoy, Cornhuse, Tenremonde ;
Heeteren, Aefferden, Denken, Van Heren ;
Lichtervelde, Preud'homme d'Hailly, Renesse, Arckel ;
Stalins, Canin, Scheppere, Van Heldere.

Sa veuve épousa en secondes noces à Bruxelles, le 18 mars 1759, JEAN CARREL, capitaine au service de France. Elle mourut à Bruxelles le 28 avril 1783.

De son mariage, FERDINAND-CHARLES CABILIAU eut trois enfants.

5° ANNE-JEANNE-HERMANNE CABILIAU, née à Gand le 17 mai 1706 ; y décédée le 27 mai 1781, enterrée aux Dominicains.

6° MARIE-FRANÇOISE CABILIAU, née à Gand le 22 mars 1710.

7° THÉRÈSE-BARBE-ELISABETH CABILIAU, née à Gand le 18 décembre 1711 ; y décédée le 3 avril 1783, enterrée à St-Michel ; mariée le 5 février 1743 à SÉBASTIEN-FRANÇOIS-JOSEPH D'HANE, seigneur de Stuyvenberghe, capitaine au service impérial, veuf de THÉRÈSE DE CASEMAKER, né à Gand le 15 mars 1715 ; y décédé le 20 décembre 1752.

Ils eurent un fils unique, JOSEPH-ALBERT, dont on ne trouve aucune trace dans la suite.

8° ALBERT-JOSEPH-XAVIER CABILIAU, né à Gand le 15 décembre 1714 ; y décédé le 9 mars 1715.

9° JOSÈPHE-CATHERINE-HYACINTHE CABILIAU, née à Gand le 13 avril 1716 ; y décédée le 20 mars 1794.

10° MARIE-JEANNE-PHILIPPINE CABILIAU, née à Gand le 19 avril 1718 ; y décédée le 8 juin de la même année.

11° ALBERT-JEAN-PHILIPPE CABILIAU, né à Gand le 30 août 1719 ; major au service impérial au régiment de Clerfayt ; décédé subitement à Gand le 9 décembre 1782. Marié à Gand le 6 novembre 1776 à MARIE-JEANNE VAN HOOBROUCK, née à Gand le 30 octobre 1740. Pas d'enfants.

———

TREIZIÈME GÉNÉRATION

A. b. III. — Les trois enfants de FERDINAND-CHARLES CABILIAU-WALCKIERS :

1º MARIE-CORNÉLIE CABILIAU, morte au berceau à Gand, le 5 février 1730.

2º FRANÇOIS-XAVIER CABILIAU, seigneur de Triponceau, échevin de Bruges de 1755 à 1758 ; entra ensuite au service impérial au régiment de Vierset ; décédé à Bruxelles le 24 décembre 1775. Marié en premières noces à Bruges le 21 mars 1753 à THÉRÈSE-CONSTANCE DE WREE dit VERANNEMAN, morte en couche à Bruges le 4 avril 1755, enterrée aux Récollets. Marié en secondes noces à Bruxelles le 10 octobre 1759 à MARIE ZOEPFEL.
Deux enfants naquirent du premier lit.

3º MARIE-ANNE CABILIAU, mariée à Bruxelles le 23 Août 1761 à PIERRE-CASIMIR DE NOISEVILLE DU BREUIL, natif de Normandie, ancien officier au service de France, décédé à Gand le 13 février 1780.

QUATORZIÈME GÉNÉRATION

A. b. III. — Les deux enfants de FRANÇOIS-XAVIER CABILIAU-DE WREE :

1º FERDINAND-FRANÇOIS-JOSEPH CABILIAU, seigneur de Triponceau, officier au régiment de Murray ; né à Bruges en 1754 ; marié à Bruxelles le 7 janvier 1780, à ANNE-MARIE GILLENT, née à Bruxelles en 1761 ; y décédé le 18 juin 1836. Ils eurent six enfants.

2° Thérèse Cabiliau, béguine au béguinage princier de Gand ; choriste pendant vingt-deux ans ; née à Bruges en 1755 ; y décédée le 6 avril 1802.

QUINZIÈME GÉNÉRATION

A. b. III. — Les six enfants de FERDINAND-FRANÇOIS CABILIAU-GILLENT :

1° Anne-Françoise Cabiliau, née à Bruxelles le 28 décembre 1779 ; décédée le 20 octobre 1787.

2° Jean-François Cabiliau, né à Bruxelles le 27 mars 1781 ; y décédé le 10 septembre de la même année.

3° Catherine-Françoise-Innocente Cabiliau, née à Bruxelles le 7 juin 1782.

4° Pierre-Jacques Cabiliau, né à Bruxelles en 1784 ; décédé le 24 septembre 1787.

5° Marie-Anne-Pauline-Josèphe Cabiliau, née à Bruxelles le 20 mars 1787 ; mariée à Bruxelles le 6 janvier 1838 à Charles Bisschop, né à Saint-Josse-Ten-Noode le 9 décembre 1794, veuf de Suzanne Uytterhelst.

6° Pierre-Jacques Cabiliau, né à Bruxelles le 3 novembre 1789 ; y décédé le 21 avril 1795.

YPRES

PREMIÈRE GÉNÉRATION

ANGE CABILIAU, échevin d'Ypres en 1566 et 1568.

DEUXIÈME GÉNÉRATION

PHILIPPE CABILIAU, fils du précédent ; échevin d'Ypres en 1570, 1572 et 1576. Il eut quatre enfants.

TROISIÈME GÉNÉRATION

Les quatre enfants de PHILIPPE CABILIAU :

1º ANTOINE CABILIAU, échevin d'Ypres en 1619, 1621, 1623, 1625, 1637 ; conseiller en 1620, 1622, 1630, 1631, 1634, 1636, 1641 ; décédé le 21 septembre 1644. Il avait épousé en premières noces, le 24 mai 1594, JACQUELINE LAMOOT, décédée le 7 janvier 1614 ; et en secondes noces LAURENCE DE SOMERE, veuve de JEAN THÉVELIN, décédée le 24 mai 1632. ANTOINE CABILIAU fut enterré, ainsi que ses deux femmes, à l'église Saint-Martin à Ypres ; la pierre tumulaire portait l'inscription suivante en langue flamande :

« Sepulture van d'heer ANTONIUS CABILIAU, fˢ d'heer PHILIPS, overl. 21 7ᵇᵉʳ 1644, kerckmeester deser cathedrale Kercke, ende joᵉ JACQUEMYNE LAMOOTS, fᵃ GHELEYN, syne huysvrᵉ, overl. 7 jan. 1614, ende joᵉ LAURENCE DE SOMERE, fᵃ d'heer FRANCHOIS, syne troeede huysvᵉ, overl. 3 juny 1632. »

Il eut trois fils de sa première femme et trois filles de la seconde.

2º CATHERINE CABILIAU, mariée à JACQUES KESTEMAN.

3º MARIE CABILIAU, mariée à JACQUES BOLTUUT.

4º GILLES CABILIAU, marié à CLAIRE BAELDE. Il mourut le 13 octobre 1652 et sa femme le 23 septembre de la même année. Ils furent aussi enterrés à Saint-Martin ; leur épitaphe était ainsi conçue :

« Hier licht begraeven d'heer GILLIS CABILLAU, fˢ d'heer PHˢ, kerckmeester, overleden 13 8ᵇᵉʳ 1652, ende joffrauwe CLARA BAELDE, syne huysvrauwe, overl. 23 7ᵇᵉʳ 1652, jubilarissen. Deese hebben gefondeert ecn jaergetyde op den 15 8ᵇᵉʳ en daertoe gegeven aen den disch 14 pon. groon. s'jaers. »

QUATRIÈME GÉNÉRATION

Les six enfants d'ANTOINE CABILIAU-LAMOOT, puis de SOMÈRE :

1º PHILIPPE CABILIAU, né à Ypres le 9 août 1598.

2º GILLES CABILIAU, né à Ypres le 4 décembre 1602 ; conseiller en 1643 et 1644, échevin en 1645 ; décédé à Nieuport le 20 octobre 1658 ; marié à MARGUERITE DE WAVRANS. Ils eurent cinq enfants.

3º MARIE CABILIAU, née à Ypres le 4 juillet 1604 ; y décédée le 3 septembre 1674 ; mariée le 17 juin 1652 à CORNEILLE SPANNUYT, décédé en 1674.

4° JACQUES CABILIAU, né à Ypres en octobre 1606 ; marié le 7 février 1639 à JACQUELINE DE VISCH. Deux enfants sont nés de cette union.

5° JACQUELINE CABILIAU, née à Ypres le 2 mars 1608.

6° CATHERINE CABILIAU, née à Ypres le 19 janvier 1613.

CINQUIÈME GÉNÉRATION

I. — Les cinq enfants de GILLES CABILIAU- DE WAVRANS :

1° ANGE CABILIAU, né à Ypres le 22 octobre 1632.

2° GILLES CABILIAU, né à Ypres le 29 décembre 1635 ; avoué de cette ville en 1665, échevin en 1670, 1672, 1676, 1678, 1679 et 1680 ; conseiller en 1675 ; décédé à Ypres le 6 janvier 1682 ; marié le 12 novembre 1660 à MARGUERITE DE VINCK, veuve de MARTIN THIBAUT. Ils eurent deux enfants.

3° MARIE-MARGUERITE CABILIAU, née à Ypres en décembre 1637 ; y décédée le 16 mai 1731 : mariée le 30 mai 1679 à JEAN VAN WEL, né en 1625, décédé le 25 mai 1701.

4° ANNE-CLAIRE CABILIAU, décédée le 15 mai 1712.

5° CLAIRE CABILIAU, née à Ypres le 28 septembre 1642 ; décédée le 22 mai 1713.

II. — Les deux enfants de JACQUES CABILIAU- DE VISCH :

1° JEANNE CABILIAU, née à Ypres en 1641 ; décédée le 6 janvier 1721.

2° FRANÇOIS-JACQUES CABILIAU, né à Ypres le 12 septembre 1645 ; prêtre ; décédé à Ypres le 16 octobre 1698.

SIXIÈME GÉNÉRATION

Les deux enfants de GILLES CABILIAU-DE VINCK :

1º ISABELLE-THÉRÈSE CABILIAU, née à Ypres le 5 octobre 1661 ; mariée le 6 mai 1688 à JACQUES-PLACIDE VAN WEL, né le 5 octobre 1664, échevin d'Ypres en 1701, décédé le 17 juin 1751.

2º JEAN-LÉONARD CABILIAU, né à Ypres le 26 décembre 1662 ; décédé le 3 octobre 1668.

AUDENARDE

PREMIÈRE GÉNÉRATION

I. — GODEFROID CABILIAU, marié à PÉTRO-NILLE N*** dont il eut trois enfants (1588-1595).

II. — PHILIPPE CABILIAU, marié à JEANNE VAN HUUSSE, eut quatre enfants (1586-1593).

III. — PIERRE-ANTOINE CABILIAU, marié à Audenarde le 3 janvier 1599 à JOSINE STALYNS ; n'eut qu'une fille.

IV. — ANTOINE CABILIAU, marié à JACQUE-LINE VAN VERSTAELS, eut six enfants (1602-1623).

V. — JACQUES CABILIAU, marié à JEANNE LE FÈVRE, eut huit enfants (1606-1628).

VI. — WINDELE CABILIAU, marié à ANNA VAN KOKGUIER, eut un fils unique (1617).

Aucun document ne prouve que les six Cabiliau ci-dessus étaient frères ; ils peuvent tout aussi bien avoir été cousins. Mais en tous cas, ils vivaient tous six à Audenarde à la même époque ; ils forment donc bien une seule et même génération.

D. O. M.

R. D. FRANCISCUS CABILIAU S. Theol. licentiatus hujus ecclesiæ i.....a et decanus christian .... i .d .n et hoc monumentum

matrique sua dilectissima

JOANNA VAN HUUSSE uxor PHILIPPI CABILLIAU quorum filii preter dictum FRANCISCUM fuere Annæ, F. JOHANNES, dominicanus Ganden S. Theologiæ licentiatus, PHILIPPUS, FLORENTIA.

Sororique suæ FLORENTIÆ.

Ut simul resurgant, simul per Christi mortem et B. Mariæ V. patrocinium cœlo in æternum collætentur.

Obiit D. FRANCISCUS .. ..i ..o die 27 augusti anno.....
JOANNA obiit .... augusti 17 æt. suæ 63.
FLORENTIA obiit .... V.....

REQUIESCANT IN PACE.

PIERRE TOMBALE

Qui se trouve dans l'église d'Audenarde, sur le côté droit de l'autel de la chapelle de la Sainte-Vierge, située à gauche du chœur.

DEUXIÈME GÉNÉRATION

I. — Les trois enfants de GODEFROID CABILIAU :

1º ERASME CABILIAU, né à Audenarde le 10 août 1589.

2º MARIE CABILIAU, née à Audenarde le 5 février 1592.

3º GODEFROID CABILIAU, né à Audenarde le 9 avril 1595.

II. — Les quatre enfants de PHILIPPE CABILIAU-VAN HUUSSE :

1º FRANÇOIS CABILIAU, né à Audenarde le 22 septembre 1586.

2º JEAN CABILIAU, né à Audenarde le 12 juillet 1589.

3º PHILIPPE CABILIAU, né à Audenarde le 4 août 1591.

4º FLORENCE CABILIAU, née à Audenarde le 26 mai 1593.

Il existe encore dans l'église d'Audenarde une pierre tombale sur laquelle sont rappelés les noms de cette famille. Elle se trouve sur le côté droit de l'autel de la chapelle de la sainte Vierge, située à gauche du chœur. Cette inscription, dont quelques lettres sont malheureusement effacées, est surmontée d'un ange aux ailes déployées, qui tient une banderolle à laquelle est suspendu le blason des CABILIAU. Nous en donnons une reproduction dans la planche ci-contre.

III. — La fille unique de PIERRE-ANTOINE CABILIAU-STALYNS :

CATHERINE CABILIAU, née à Audenarde le 17 février 1601 ; mariée le 20 janvier 1630 à CHARLES BOGAERT.

IV. — Les six enfants d'ANTOINE CABILIAU-VAN VERSTAELS :

1º Pierre Cabiliau, né à Audenarde le 29 juin 1603 ; marié le 8 novembre 1628 à Jeanne Van Brakel, eut deux enfants.

2º Marie Cabiliau, née à Audenarde le 19 février 1609.

3º Josse Cabiliau, né à Audenarde le 17 septembre 1610 ; marié le 22 janvier 1636 à Jeanne Van der Hoost, dont dix enfants.

4º Michel Cabiliau, né à Audenarde le 26 août 1612.

5º Jacqueline Cabiliau, née à Audenarde le 29 juillet 1613 ; mariée le 25 mai 1639 à Josse Van Verren.

6º Jacques Cabiliau, né à Audenarde le 3 septembre 1623.

V. — Les huit enfants de JACQUES CABILIAU-LE FÈVRE :

1º Sébastien Cabiliau, né à Audenarde le 5 février 1607.

2º Jeanne Cabiliau, née à Audenarde le 5 mars 1609 ; mariée le 17 octobre 1632 à Georges Rullens.

3º Marie Cabiliau, née à Audenarde le 15 octobre 1613 ; mariée le 17 octobre 1632, le même jour que sa sœur Jeanne, à André Cleuwe.

4º Jacques Cabiliau, né à Audenarde le 7 mars 1616 ; mort en bas âge.

5º Jean Cabiliau, né à Audenarde le 30 novembre 1618 ; marié à Anne Vitspaen, dont il eut neuf enfants.

6º Marie Cabiliau, née à Audenarde le 10 octobre 1621.

7º Jacques Cabiliau, né à Audenarde le 23 mai 1624.

8º Guillaume Cabiliau, né à Audenarde le 2 juin 1628.

VI. — Le fils unique de WINDELE CABILIAU-VAN KOKGUIER :

François Cabiliau, né à Audenarde le 7 février 1617.

TROISIÈME GÉNÉRATION

I. — Les deux enfants de PIERRE CABILIAU-VAN BRAKEL :

1° Josine Cabiliau, née à Audenarde le 29 août 1629.

2° Jean Cabiliau, né à Audenarde le 28 février 1631.

II. — Les dix enfants de JOSSE CABILIAU-VAN DER HOOST :

1° Marie Cabiliau, née à Audenarde le 16 novembre 1636.

2° Sébastien Cabiliau, né à Audenarde le 25 juin 1638 ; marié à Marie Van der Wostyne, dont il eut quatre enfants.

3° Georges Cabiliau, né à Audenarde le 31 août 1639.

4° Pierre Cabiliau, né à Audenarde le 19 janvier 1641 ; marié à Audenarde le 5 décembre 1665 à Arnolda de Schietere, dont un fils.

5° Elisabeth Cabiliau, née à Audenarde le 6 août 1642.

6° Josse Cabiliau, né à Audenarde le 1er octobre 1644.

7º JEANNE CABILIAU, née à Audenarde le 20 septembre 1646.

8º JEAN CABILIAU, né à Audenarde le 6 mars 1649.

9º EGIDIUS CABILIAU, né à Audenarde le 30 septembre 1651 ; y décédé le 6 mai 1725 ; marié à Audenarde le 6 août 1676 à MARGUERITE VAN VERBEKEN, décédée dans la même ville le 7 décembre 1714. Ils eurent neuf enfants.

10º JACQUES CABILIAU, né à Audenarde le 13 août 1653.

III. — Les neuf enfants de JEAN CABILIAU-VITSPAEN :

1º CATHERINE-FRANÇOISE CABILIAU, née à Audenarde le 13 février 1642 ; mariée le 16 février 1662 à LOUIS BUSKENS.

2º JEAN-BAPTISTE CABILIAU, né à Audenarde le 12 décembre 1643.

3º GUILLAUME CABILIAU, né à Audenarde le 23 janvier 1646.

4º JACQUES CABILIAU, né à Audenarde le 5 novembre 1648.

5º MELCHIOR CABILIAU, né à Audenarde le 10 décembre 1651.

6º PHILIPPE-FERDINAND CABILIAU, né à Audenarde le 17 mars 1653.

7º ANNE-MARIE CABILIAU, née à Audenarde le 10 novembre 1654 ; morte peu après.

8º ANNE-MARIE CABILIAU, née à Audenarde le 29 novembre 1655.

9º PHILIPPINE-THÉRÈSE CABILIAU, née à Audenarde le 25 juillet 1658.

IV. — Il convient de placer ici un certain PIERRE CABILIAU, dont nous ne trouvons pas les père et mère, mais qui était contemporain des précédents. Il

se maria à Audenarde le 9 janvier 1678 à JEANNE DE SCHINCKELE et eut deux fils.

QUATRIÈME GÉNÉRATION

I. — Les quatre enfants de SÉBASTIEN CABILIAU-VAN DER WOSTYNE :

1° MARIE-FRANÇOISE CABILIAU, née à Audenarde le 2 juillet 1667.

2° JEANNE-THÉRÈSE CABILIAU, née à Audenarde le 25 janvier 1670.

3° SÉBASTIEN CABILIAU, né à Audenarde le 1er avril 1672.

4° JEAN-BAPTISTE CABILIAU, né à Audenarde le 6 mai 1674.

II. — Le fils unique de PIERRE CABILIAU-DE SCHIETERE :

PIERRE-ALBERT CABILIAU, né à Audenarde le 13 juillet 1667.

III. — Les neuf enfants d'EGIDIUS CABILIAU-VAN VERBEKEN :

1° EGIDIUS CABILIAU, né à Audenarde le 7 décembre 1676.

2° ANTOINE CABILIAU, né à Audenarde le 21 août 1678.

3° JEANNE-THÉRÈSE CABILIAU, née à Audenarde le 14 février 1680 ; y décédée le 29 avril 1738 ; mariée dans la même ville le 23 janvier 1715 à GEORGES-ERNEST LÉONARD.

4° MARIE-JEANNE CABILIAU, née à Audenarde le 8 septembre 1681.

5° FRANÇOISE-PÉTRONILLE CABILIAU, née à Audenarde le 10 mars 1683 ; décédée accidentellement le 12 novembre 1700. [1]

6° MARIE-CLAIRE CABILIAU, née à Audenarde le 2 mai 1685.

7° JEAN-ALBERT CABILIAU, né à Audenarde le 28 septembre 1687 ; y décédé le 24 juin 1697.

8° ALBERTINE CABILIAU, née à Audenarde le 12 mars 1690 ; y décédée le 3 août 1708.

9° ANNE-LOUISE CABILIAU, née à Audenarde le 6 juin 1692.

IV. — Les deux fils de PIERRE CABILIAU-DE SCHINCKELE :

1° ANTOINE CABILIAU, né à Audenarde le 1er janvier 1677.

2° JEAN-BAPTISTE CABILIAU, né à Audenarde le 12 mars 1679.

---

1. Le 12 novembre 1700, en allant puiser de l'eau, FRANÇOISE-PÉTRONILLE CABILIAU, fille d'ÉGIDIUS, tomba dans l'Escaut, près de la chapelle de Waele, et se noya à cet endroit, les personnes présentes n'ayant pas été capables de lui porter secours. Le corps de la défunte ne fut retiré de l'Escaut que cinq mois plus tard. — Qu'elle repose en paix ! *(Extrait des registres aux naissances de la ville d'Audenarde.)*

Branche directe actuelle

DOUAI, OSTRICOURT, LILLE

PREMIÈRE GÉNÉRATION

JEAN CABILLAUX, né vers 1627; décédé à Ostricourt le 20 janvier 1708; marié en secondes noces à Douai le 24 juillet 1660 à

CATHERINE POLLET, née vers 1620; décédée à Ostricourt le 28 février 1698.

Ils eurent cinq enfants.

DEUXIÈME GÉNÉRATION

Les cinq enfants de JEAN CABILLAUX-POLLET :

1° et 2° PIERRE et MARIE-MADELEINE CABILLAUX, jumeaux, nés à Ostricourt le 10 décembre 1660.

3° MARGUERITE CABILLAUX, née à Ostricourt le 15 octobre 1663.

4º JEAN-FRANÇOIS CABILLAUX, né à Ostricourt le 23 février 1666 ; marié à Lille le 27 novembre 1700 à

MARIE-HÉLÈNE HATON, hôtesse à l'enseigne de la *Ville d'Arras*, en la ville de Lille ; veuve de ROBERT BELVAL, mère de cinq enfants.

Ils eurent cinq enfants.

5º MARIE-MADELEINE CABILLAUX, née à Ostricourt le 18 mai 1668 ; mariée à PIERRE BARATTE, dont deux enfants.

TROISIÈME GÉNÉRATION

I. — Les cinq enfants de JEAN-FRANÇOIS CABILLAUX-HATON :

1º MARIE-CATHERINE-AUGUSTINE CABILLAUX, née à Lille le 26 août 1701 ; y décédée le 2 septembre 1775.

2º PHILIPPE-JOSEPH CABILLAUX, né à Lille le 6 juin 1703 ; marié à

MARIE-JOSEPH DERVAUX, décédée à Lille le 5 février 1742.
Ils eurent un fils unique.

3º MARIE-AGNÈS CABILLAUX, née à Lille le 26 octobre 1704 ; y décédée le 21 décembre 1755.

4º MARIE-MADELEINE CABILLAUX, née à Lille le 29 octobre 1705 ; y décédée le 14 janvier 1741.

5º LÉON-FRANÇOIS CABILLAUX, né à Lille le 6 avril 1707 ; maître de camp ; décédé à Lauterbourg (Basse-Alsace) le 9 juillet 1740.

II. — Les deux enfants de PIERRE BARATTE-CABILLAUX :

1º PIERRE-DOMINIQUE BARATTE, né à Ostricourt le 25 mars 1703 ; y décédé le 6 novembre 1709.

D'APRÈS LES MINIATURES DE LE SAGE 1774

PHILIPPE-CHARLES	MARIE-THÉRÈSE
CABILLAUX	DEHIER
Lieutenant du Prévôt de Lille.	son Épouse.
Né à Lille en 1727.	Née à Lille, le 6 février 1742.
Y décédé le 29 janvier 1794.	Y décédée le 22 mars 1792.

2° JEAN-PIERRE BARATTE, né à Ostricourt le 6 janvier 1712 ; marié à Ostricourt le 16 octobre 1736 à

MARIE-MICHEL PLACHEZ,

dont une fille.

QUATRIÈME GÉNÉRATION

I. — Le fils unique de PHILIPPE-JOSEPH CABILLAUX-DERVAUX :

PHILIPPE-CHARLES CABILLAUX, né à Lille en 1727 ; y décédé le 9 pluviose an II (29 janvier 1794)
lieutenant de M. le Prévôt de Lille ; [1]
marié à Lille le 14 avril 1761 à

MARIE-THÉRÈSE-JOSEPH DEHIER, née à Lille le 6 février 1742 ; y décédée le 22 mars 1792.

Ils ont eu sept enfants.

II. — La fille de JEAN-PIERRE BARATTE-PLACHEZ :

CATHERINE-JOSEPH BARATTE, née à Ostricourt le 8 décembre 1737.

CINQUIÈME GÉNÉRATION

Les sept enfants de PHILIPPE-CHARLES CABILLAUX-DEHIER :

---

1. PHILIPPE-CHARLES CABILLAUX fut nommé lieutenant du prévôt de Lille, le 11 août 1756 ; il occupa ce poste pendant fort longtemps et le 21 janvier 1791, la Municipalité de Lille lui accorda, en récompense de ses longs services, une pension annuelle et viagère de 600 livres de France.

1° AMÉLIE-JOSEPH CABILLAUX, née à Lille le 20 mars 1762 ;
y décédée le 6 mars 1786.

2° PASCHAL-JOSEPH CABILLAUX, né à Lille le 21 octobre 1763 ;
y décédé le 7 juin 1764.

3° CHARLES-ISIDORE CABILLAUX, né à Lille le 26 avril 1765 ;
capitaine de chasseurs ; décédé à Gand le 11 septembre 1809 ;
marié à Cassel, où il était en garnison, le 22 ventôse an II
(12 mars 1794) à

MARIE-JOSEPH PRÉVÔT, née à Bouchain ; décédée à Paris le
26 septembre 1830 [1].

Cinq enfants sont nés de cette union.

4° THÉRÈSE-ZÉNOBIE CABILLAUX, née à Lille le 4 septembre
1767 ; décédée à Lomme le 29 janvier 1810.

5° LOUIS-RADAMISTE CABILLAUX, né à Lille 23 avril 1770 ;
y décédé le 2 juillet 1773.

6° SÉRAPHINE CABILLAUX, née à Lille le 20 septembre 1771 ;
y décédée le 14 mars 1783.

7° ALEXANDRE-MARIE-JOSEPH CABILLAUX, né à Lille le 15 janvier
1778 [2] ; y décédé le 24 août 1832 ; marié à Lille le 4 novembre
1795 à

SOPHIE-MARIE-LOUISE GRULOY, née à Tournai le 12 février 1776 ;
décédée à Lille le 7 décembre 1865.

Ils ont eu six enfants.

---

1 Elle se maria en secondes noces avec M. MÉTROT.

2 En 1790, âgé de douze ans, ALEXANDRE CABILLAUX fait partie de la
Compagnie de l'Espérance, surnommée Royal-Bonbon (V. Derode, Histoire
de Lille, t. III, page 48).

SIXIÈME GÉNÉRATION

I. — Les cinq enfants de CHARLES-ISIDORE CABILLAUX-PRÉVOT :

1° Louis-Charles-Joseph-Placide Cabillaux, né à Lille le 13 mars 1792 ; sergent-major au 55e de ligne ; mort pendant la campagne de Russie en 1812.

2° Auguste-Brutus Cabillaux, né à Lille le 3 juillet 1793 ; y décédé le 30 mai 1795.

3° Anne-Caroline Cabillaux, née à Lille le 3 mai 1794.

4° Alexandre-Isidore Cabillaux, né à Lille le 11 juillet 1796 ; capitaine d'infanterie ; chevalier de la Légion d'honneur ; décédé à Carcassonne le 11 août 1868 ; marié le 29 août 1838 à

Irma-Paule-Augustine Rieutort, née à Limoux (Aude), le 28 juin 1814 ;
Dont sept enfants.

5° Jean-Marie-Isidore Cabillaux, né à Lille le 6 juillet 1805 ; soldat au bataillon d'administration ; décédé à Oran (Algérie) le 2 juin 1846.

II.—Les six enfants d'ALEXANDRE CABILLAUX-GRULOY :

1° Sophie-Louise-Joseph Cabillaux, née à Lille le 30 août 1796 ; y décédée le 19 décembre 1866.

2° Eugène-Joseph Cabillaux, né à Lille le 16 juin 1798 ; y décédé le 7 décembre 1813.

3° Mélanie-Victorine Cabillaux, née à Lille le 4 mars 1800 ; y décédée le 20 octobre 1871.

4° Auguste-Charles Cabillaux, né à Pont-à-Marcq le 1er juillet

1802 ; décédé à Anstaing le 22 avril 1882 ; marié à Lille le 29 septembre 1850 à

Adèle-Amélie Lécutiez, née à Mons-en-Barœul le 9 décembre 1826 ;

Dont deux filles.

5º Elisabeth-Henriette Cabillaux, née à Lille le 15 août 1804 ; y décédée le 28 mars 1870 ; mariée à Lille le 11 mai 1824 à

Alcibiade-Jacques-Joseph De Meunynck, né à Lille le 15 mars 1800 ; chef de division à la préfecture du Nord ; décédé à Lille le 19 avril 1849.

Dont cinq enfants.

6º Narcisse-Alexandre-Joseph Cabillaux, né à Lille le 17 juillet 1809 ; y décédé le 23 juin 1877 ; marié à Lille le 7 mai 1851 à

Céline-Héloïse Dumont, née à Lille le 1er octobre 1824 ;

Dont un fils.

———————

SEPTIÈME GÉNÉRATION

I. — Les sept enfants d'ALEXANDRE-ISIDORE CABILLAUX-RIEUTORT :

1º Marie-Alexandrine Cabillaux, née à Bône (Algérie) le 12 septembre 1839 ; décédée à Carcassonne le 26 juillet 1866.

2º Anna-Louise-Isidorine Cabillaux, née à Alger le 5 septembre 1841 ;

3° Lucien Cabillaux, décédé à l'âge de trois mois.

4° Joseph-Alexandre Cabillaux, né à Carcassonne le 8 avril 1845 ; père Prémontré au monastère de Frigolet ;

5° Irma Cabillaux, née à Carcassonne le 16 octobre 1847 ;

6° Claire-Théodorine Cabillaux, née à Carcassonne le 8 octobre 1850 ;

7° Louise-Napoléone-Calixtine Cabillaux, née à Carcassonne le 7 février 1853 ;

II. — A. — Lés deux filles d'AUGUSTE CABILLAUX-LÉCUTIEZ :

1° Mélanie-Louise Cabillaux, née à Lille le 24 juillet 1851 ; décédée à Blankenberghe (Belgique) le 14 septembre 1857.

2° Marie-Charlotte Cabillaux, née à Lille le 21 août 1852 ;

mariée à Lille le 15 octobre 1872 à

Louis-Joseph Boutemy, né à Lannoy le 1er novembre 1849 ;

Dont   enfants.

B. — Les cinq enfants d'ALCIBIADE DE MEU-NYNCK-CABILLAUX :

1º Mathilde-Alexandrine De Meunynck, née à Lille le 8 août 1825 ; y décédée le 19 novembre 1885 ; mariée à Lille le 16 septembre 1844 à

Adolphe-François-Henri Landrieu, né à Lille le 26 septembre 1811 ; y décédé le 19 octobre 1854.

Dont cinq enfants.

2º Jules De Meunynck, né à Lille le 17 février 1827 ; décédé à Paris le 28 mars 1880 ; marié à Lille le 7 juillet 1859 à

Virginie-Catherine Noël, née à Lille le 30 décembre 1834 ;

Dont un fils.

3º Mélanie De Meunynck, née à Lille le 26 juin 1828 ;

4º Adèle De Meunynck, née à Lille le 15 juin 1830 ;

5º Auguste De Meunynck, né à Lille le 26 février 1841 ;

marié à Lille le 11 août 1866 à

Louise-Marie-Zélia Français, née à Lille

Pas d'enfants.

C. — Le fils unique de NARCISSE CABILLAUX-DUMONT :

Narcisse-Fernand Cabillaux, né à Lille le 19 septembre 1849 ;

marié à Lille le 31 octobre 1882 à

Oliphie-Marie-Eudoxie Momérancy, née à La Gorgue le 26 mai 1851 ;

Dont   enfants.

———

HUITIÈME GÉNÉRATION

I. —

II. — A. — Les enfants de LOUIS
BOUTEMY-CABILLAUX :·

1° Marguerite-Marie Boutemy, née à Lys-lez-Lannoy le 13
août 1873 ; y décédée le 19 avril 1875.

2° Jeanne-Augustine-Fidéline Boutemy, née à Lys-lez-Lannoy
le 9 septembre 1874 ;

3° Louis-Amand-Auguste Boutemy, né à Lys-lez-Lannoy le
8 octobre 1878 ;

4° Jean-Jules-Joseph Boutemy, né à Lys-lez-Lannoy le 5 mars 1881 ;

5° Geneviève Boutemy, née à Lys-lez-Lannoy le 15 mai 1884 ;

6° Marie-Henriette-Victorine Boutemy, née à Lys-lez-Lannoy le 1er décembre 1886 ;

B. — I. — Les cinq enfants d'ADOLPHE LANDRIEU-DE MEUNYNCK :

1° Léon-Joseph Landrieu, né à Lille le 12 janvier 1846 ; y décédé le 21 novembre 1878 ; marié à Lille le 1er décembre 1871 à Mathilde-Joseph Courden, née à Saint-Omer le 27 octobre 1848 ;

Dont une fille.

2º MATHILDE-HENRIETTE LANDRIEU, née à Lille le 12 novembre 1847 ;

mariée à Lille le 12 août 1872 à

EMILE-FRANÇOIS-JOSEPH RIGAL, né à Lille le 18 mars 1847 ;

Pas d'enfants.

3º MARIE-MÉLANIE LANDRIEU, née à Lille le 15 juin 1849 ;

mariée à Lille le 13 mai 1877 à

JEAN-BAPTISTE BAERT, né à Lys-lez-Lannoy le 15 mars 1849 ;

Dont   enfants.

4º FÉLIX-ADOLPHE LANDRIEU, né à Lille le 12 décembre 1851 ;
y décédé le 7 décembre 1859.

5º ADOLPHE-JULES LANDRIEU, né à Lille le 12 mars 1855 ;

marié à Tournai le 12 janvier 1885 à sa cousine

VALENTINE-DÉSIRÉE-PHILIPPINE-THÉRÈSE ADINS, née à Tournai le 29 juin 1861 ;

Dont   enfant

II. — Le fils unique de JULES DE MEUNYNCK-NOËL :

JULES DE MEUNYNCK, né à Roubaix le 25 mai 1867 ;

C. — Les   enfants de NARCISSE CABIL-LAUX-MOMERANCY :

1° Céline-Adeline Cabillaux, née à Lille le 27 juillet 1874 ;

2° Marie-Zélie-Eudoxie Cabillaux, née à Lille le 24 avril 1882 ;

3° Elisabeth-Victorine Cabillaux, née à Loos le 22 novembre 1883 ;

4° Narcisse-Alexandre-Joseph Cabillaux, né à Loos le 10 juin 1886 ;

NEUVIÈME GÉNÉRATION

B. — I. — a. — La fille unique de LÉON
LANDRIEU-COURDEN :

Marie-Julia Landrieu, née à Lille le 26 mars 1867 ;

b. — Les enfants de JEAN-BAPTISTE BAERT-LANDRIEU :

1° JEAN-PIERRE-ADOLPHE BAERT, né à Lys-lez-Lannoy le 14 décembre 1878 ; y décédé le 12 juillet 1880.

2° EMILE-HENRI-JOSEPH BAERT, né à Lys-lez-Lannoy le 22 janvier 1880 ;

3° AUGUSTE-JEAN-MARIE BAERT, né à Lys-lez-Lannoy le 7 septembre 1881 ;

4° ELISABETH-MARIE-SOPHIE BAERT, née à Lys-lez-Lannoy le 9 janvier 1883 ; y décédée le 26 septembre de la même année.

5° JEAN-MARIE-EMILE BAERT, né à Lys-lez-Lannoy le 26 juillet 1884 ;

c. — L   enfant d'ADOLPHE LANDRIEU-ADINS :

Madeleine-Mathilde-Jeanne Landrieu, née à Lille le 29 mars 1886 ;

TABLEAU GÉNÉALOGIQUE

de la branche directe actuelle

DE LA

FAMILLE CABILLAUX

depuis 1627.

TABLEAU GÉNÉALOGIQUE DE LA BRANCHE DIRECTE ACTUELLE DE LA FAMILLE CABILLAUX, DEPUIS 1627

PREMIÈRE GÉNÉRATION 1627

Jean Cabillaut-Poilet

DEUXIÈME GÉNÉRATION 1666

Pierre Cabillaut
Marie-Madeline Cabillaut
Marguerite Cabillaut
Jean-François Cabillaut-Hatton

TROISIÈME GÉNÉRATION 1703

Marie-Catherine Cabillaut
Philippe Cabillaut-Dervaux
Marie-Agnès Cabillaut
Marie-Madeleine Cabillaut
Léon-François Cabillaut
Marie-Madeleine Barette-Cabillaut

QUATRIÈME GÉNÉRATION 1727

Philippe Cabillaut-Debier
Catherine-Joseph Barette
Pierre-Dominique Barette
Jean-Pierre Barette-Ploncau

CINQUIÈME GÉNÉRATION 1770

Amélie Cabillaut
Paschal Cabillaut
Charles Cabillaut-Prévôt
Thérèse Cabillaut
Louis Cabillaut
Séraphine Cabillaut
Alexandre Cabillaut-Gruloy

SIXIÈME GÉNÉRATION 1796

Louis Cabillaut
Auguste Cabillaut
Anne Cabillaut
Alexandre Cabillaut Biesmont
Jean-Marie Cabillaut
Sophie Cabillaut
Eugène Cabillaut
Mélanie Cabillaut
Auguste Cabillaut-Léunier
Élisabeth De Meurynck-Cabillaut
Narcisse Cabillaut-Dumont

SEPTIÈME GÉNÉRATION 1815

Marie Cabillaut
Anna Cabillaut
Lucien Cabillaut
Joseph Cabillaut (religieux)
Irma Cabillaut
Claire Cabillaut
Louise Cabillaut
Mélanie Cabillaut
Marie Boutony-Cabillaut
Mathilde Landrieu De Meurynck
Jules De Meurynck-Noël
Mélanie De Meurynck
Adèle De Meurynck
Auguste De Meurynck-Français
Narcisse Cabillaut-Mommmer

HUITIÈME GÉNÉRATION 1846

Marguerite Boutony
Jeanne Boutony
Louis Boutony
Jean Boutony
Geneviève Boutony
Marie Boutony
Léon Landrieu-Courden
Mathilde Rigni-Landrieu
Marie Ibaer-Landrieu
Félix Landrieu
Adolphe Landrieu-Adion
Jules De Meurynck
Céline Cabillaut
Marie Cabillaut
Élisabeth Cabillaut

NEUVIÈME GÉNÉRATION 1867

Marie Landrieu
Jean Baert
Émile Baert
Auguste Baert
Élisabeth Baert
Jean Baert
Madeleine Landrieu

DIXIÈME GÉNÉRATION

BRANCHES DIVERSES

LILLE

Nous ne terminerons pas ce travail généalogique sans mentionner encore quelques familles du nom de CABILLAUX, qui ont habité Lille au XVIIe siècle et à la première moitié du XVIIIe. Le peu de renseignements que donnent sur ces familles les registres des archives de Lille ne permet pas de savoir d'où sont venues ces différentes personnes, ni où il faut les suivre après l'année 1732, dernière date qui en fait mention. Il n'est pas plus possible de savoir comment ces branches peuvent se rattacher à la succession régulière que nous donnons ci-dessus. A quel degré étaient-elles parentes entre elles ? c'est encore une question qu'il nous faut laisser sans réponse.

Voici les seuls documents que nous avons pu recueillir sur ces familles :

I. — MICHEL CABILLAUX, décédé à Lille le 17 août 1625 ; époux de Jacqueline Grard ; eut trois enfants :

1⁰ Jeanne Cabillaux, née à Lille le 18 octobre 1613.

2⁰ Théri Cabillaux, né à Lille le 14 décembre 1614.

3⁰ Mathieu Cabillaux, né à Lille le 3 novembre 1620.

II. — JEAN-BAPTISTE CABILLAUX, marié à Elisabeth Vanhagues, eut deux enfants :

1º Jean-Baptiste Cabillaux, né à Lille le 19 août 1680.

2º Jeanne-Aldegonde Cabillaux, née à Lille le 2 avril 1683.

III. — FRANÇOIS CABILLAUX, époux de Marie-Jeanne Crespy, eut une fille :

Anne-Thérèse Cabillaux, née à Lille le 19 mai 1694.

IV. — PIERRE CABILLAUX, marié à Anne-Thérèse Van Hoorebeke, eut six enfants :

1º Adrien Cabillaux, né à Lille le 8 juin 1722.

2º Jean-Baptiste Cabillaux, né à Lille le 26 mai 1723.

3º François-Joseph Cabillaux, né à Lille le 9 mars 1725.

4º Marie-Antoinette-Albertine Cabillaux, née à Lille le 16 décembre 1729.

5º Marie-Françoise Cabillaux, née à Lille le 28 décembre 1731 ; y décédée le 7 janvier 1732.

6º Dominique-Joseph Cabillaux, décédé à Lille le 19 octobre 1729.

TABLE

ACHEVÉ D'IMPRIMÉR

15 Mars 1887

LEFEBVRE-DUCROCQ

Imprimeur à Lille.

www.ingramcontent.com/pod-product-compliance
Lightning Source LLC
Chambersburg PA
CBHW070810290326
41931CB00011BB/2186